ÜBER DEM
LIMIT

ÜBER DEM LIMIT

PROFESSOR

SID WATKINS

Mit einem Vorwort von Jackie Stewart

HEEL

HEEL Verlag GmbH
Gut Pottscheidt
53639 Königswinter
Tel.: (02223) 9230-0
Fax: (02223) 923026

Deutsche Ausgabe:

www.heel-verlag.de
info@heel-verlag.de

Englische Originalausgabe:
Macmillan Publishers Ltd
25 Eccleston Place
London SW1W 9NF
England
Englischer Originaltitel: Beyond The Limit

Deutsche Übersetzung: Walther Wuttke, Bad Honnef
Lektorat: Joachim Hack
Satz: Heel Verlag GmbH, Stefan Witterhold
Druck: Media-Print Informationstechnologie, Paderborn

Printed and bound in Germany

ISBN 3-89880-034-2

Ich widme dieses Buch den Fahrern des FIA-Arztwagens, die mich sicher über die Rennstrecken dieser Welt chauffiert haben und dabei mitunter schreckliche Wetterbedingungen und entsprechende Automobile in Kauf nehmen mussten. Ich bin dankbar, dass ich die zahllosen ersten Runden, die vielen Neustarts und die Unfälle, zu denen sie mich in rasender Fahrt gebracht haben, unversehrt überstanden habe. Im Laufe der Jahre und den mehr als 300 Grands Prix waren es so viele Fahrer, die diese Verantwortung übernommen haben, dass es unmöglich ist, sie alle zu nennen. Doch ich möchte mich an dieser Stelle bei Alex Ribeiro und Frank Gardner besonders bedanken, die mich häufiger und vermutlich auch schneller als alle anderen Chauffeure gefahren haben.

INHALT

Danksagungen XI 11
Vorwort von Jackie Stewart, OBE XIII 13
Einleitung 15

TEIL EINS: DIE ZWISCHENZEIT

1996 17
1997 22
1998 28
1999 32

TEIL ZWEI: DIE MILLENNIUM-SAISON

Grand Prix von Australien 41
Grand Prix von Brasilien 43
Grand Prix von San Marino 48
Grand Prix von Großbritannien 52
Grand Prix von Spanien 57
Grand Prix von Europa 61
Grand Prix von Monaco 64
Grand Prix von Kanada 69
Grand Prix von Frankreich 73
Grand Prix von Österreich 77
Grand Prix von Deutschland 80
Grand Prix von Ungarn 83
Grand Prix von Belgien 88

Grand Prix von Italien 92
Grand Prix der USA 97
Grand Prix von Japan 103
Grand Prix von Malaysia 108

TEIL DREI: DIE HAUPTDARSTELLER DER MILLENNIUM-SAISON

Mika Häkkinen 113
Michael Schumacher 114
David Coulthard 115
Jenson Button 117
Rubens Barrichello 117
Johnny Herbert 118
Eddie Irvine 119
Jacques Villeneuve 119
Die anderen Piloten 120
Der FIA-Arztwagen 120
Bernie Ecclestone 125

TEIL VIER: DIE „GOLDEN OLDIES"

Jim Clark 129
Phil Hill 131
Stirling Moss 133
Innes Ireland 136
Jackie Stewart 139
Jack Brabham 142
Graham Hill 143
Jody Scheckter 145
Mario Andretti 147
Niki Lauda 149
Nelson Piquet 151
Damon Hill 152
Gerhard Berger 153
Juan Manuel Fangio 155
John Surtees 156

Inhalt

ANHANG 1

Die Arbeit des Beratungsgremiums 1994 - 2000 159

ANHANG 2

FIA-Studie über die Sicherheit im Grand-Prix-Sport von 1963–1999 177

ANHANG 3

Statistik über Verletzungen 1978–2000 191

Fotohinweise 205

Danksagungen

Mein Dank geht an Max Mosley, den Präsidenten der Fédération Internationale de l'Automobile (FIA), der mir gestattete, Daten aus den Forschungsaktivitäten der FIA in den Anhängen 1, 2 und 3 zu veröffentlichten. Gleichzeitig möchte ich mich an dieser Stelle auch für seine grenzenlose Unterstützung der Arbeit der Forschungs-, Sicherheits- und medizinischen Kommissionen der FIA bedanken und seine Hilfe bei meiner Arbeit als Präsident dieser Kommissionen. Mein Dank geht auch an Bernie Ecclestone – nicht nur für seine Förderung meiner Arbeit, sondern auch für seinen Humor.

Dank auch an Nigel Roebuck, der die Aufgabe übernahm, dieses Buch zu redigieren und Ungenauigkeiten auszumerzen. Ich bewundere seine Fähigkeiten als Autor und hoffe, dass meine Schreibversuche nicht zu schmerzhaft und langweilig für ihn waren.

Neben meiner eigenen Erinnerung habe ich auch dem Marlboro Grand Prix Guide (1950-1999) von Jacques Deschenaux vertraut und gleichzeitig auch ein antiquarisch erworbenes Buch – The Grand Prix Drivers (Hazleton Publishing, 1987) von Steve Small – genutzt. Ich hatte viel Spaß, noch einmal Innes Irelands Bücher „All Arms and Ellbows" und „Grand Prix Driving Today" zu lesen. „Autosport" und die Grand-Prix-Protokolle waren eine ebenso wichtige Informationsquelle wie „Autosport's Grand Prix Review 2000".

Ich danke auch Lynne Sharpe und Roslyn Osinski, die das Manuskript in die Maschine schrieben. Mein Dank geht auch an Peter Wright von der FIA für seine technische Hilfe und die Angaben in Anhang 1 sowie Hubert Gramling von Mercedes-Benz, und Andrew Mellor und Brian Chi vom Transport Research Laboratory für ihre Hilfe während der vergangenen Jahre.

Zum Abschluss bedanke ich mich bei Georgina Morley vom Macmillan-Verlag für die Erlaubnis, ein zweites Buch schreiben zu dürfen, und meiner Lektorin Hazel Orme für ihre Sorgfalt.

Vorwort

Das neue Buch von Sid Watkins beschreibt auf eindrucksvolle Weise viele Menschen in der Welt des Grand-Prix-Sports. Wie in „Triumph und Tragödien in der Formel 1" berichtet er ausführlich über seine unermüdlichen Anstrengungen, die Sicherheit im Motorsport zu verbessern – Anstrengungen, von denen die Teilnehmer in allen Rennsport-Kategorien profitieren. Ich habe in meiner Zeit hart im Rennsport gearbeitet und weiß, wie schwierig es ist, Menschen davon zu überzeugen, Verbesserungen voran zu treiben, um Leben zu retten, schwere Verletzungen zu verhindern und Unfälle zu vermeiden, die – in vielen Fällen – sich erst gar nicht hätten ereignen sollen. Sid Watkins ist ein leuchtendes Beispiel für alle in diesem Sport, wie man seine Arbeit machen kann, ohne Zuneigung und Anerkennung zu verlieren.

Sid ist ein bemerkenswerter Mann, mit dem ich seit mehr als 20 Jahren befreundet bin. Ich war immer bereit, sein Anliegen für eine Verbesserung der Sicherheit zu unterstützen. Er hat große Herausforderungen angenommen und dabei auch gegen Institutionen und Menschen gekämpft, die ihm gerade jene Aufgaben übertragen haben, die ihn aber – wie ich auch – respektieren. Er weiß genau, wie er Druck ausüben muss, um seinen Willen durchzusetzen. Sid ist auch ein Mensch, der jedem im Fahrerlager bei Problemen, einem Unfall, einer Krankheit oder Verletzung zur Verfügung steht. Er ist absolut vertrauenswürdig und besitzt zudem auch noch einen ausgeprägten Sinn für Humor, der auch in diesem Buch durchschimmert.

Sid Watkins zeichnet sich durch allergrößte Integrität aus und wenn er jemals genug von der Medizin hat, dann wäre die Rolle des Erzählers eine gute Alternative für seinen trockenen, mitunter sarkastischen Verstand und seinen ausgeprägten Sinn für Humor.

Jackie Stewart, OBE
Januar 2001

Einleitung

Im Oktober 1994 begann ich, ausgelöst vom tragischen Tod meines guten Freundes Ayrton Senna am 1. Mai 1994 in Imola, ein Buch zu schreiben. Ich war damals in Jerez de la Frontera, wo Martin Donnelly bei einem furchtbaren Unfall beinahe sein Leben verloren hätte. „Triumph und Tragödien in der Formel 1" handelte von den Erfolgen und den Tragödien in der Formel 1 und beschrieb zugleich die Anstrengungen, die ich und andere unternommen hatten, um einen höheren Standard der medizinischen Versorgung an den Rennstrecken zu erreichen. Gleichzeitig bot es einen Blick hinter die Kulissen und stellte einige der bedeutendsten Charaktere des Rennsports vor.

Seit den Todesfällen von Roland Ratzenberger und Ayrton Senna sind nun sieben Jahre vergangenen. In dieser Zeit kam es, ausgelöst von den Tragödien von Imola, zu vielen Veränderungen. Dazu gehören auch Konsequenzen aus Unfällen wie die von Olivier Panis und Michael Schumacher 1997 beziehungsweise 1999. FIA-Präsident Max Mosley hat seitdem eine Politik der absoluten Sicherheit, mit der Todesfälle auf Null gebracht werden sollen, eingeleitet. Viel Forschungs- und Entwicklungsarbeit beschäftigt sich seitdem mit technischen Veränderungen an den Wagen, dem Design der Rennstrecken, den Absperrungen und dem Schutz im Cockpit. Doch wie bei jeder Forschung gibt es auch hier einen Unsicherheitsfaktor. Die unvorhersehbare Natur der Ereignisse gehört zum Sport, sorgt für die Spannung bei Fahrern und Publikum, bietet aber zugleich auch viele Gefahrenmomente.

Dieses Buch beschreibt die wichtigsten Vorfälle zwischen 1994 und 2000. Zusätzlich berichte ich über die Rennen der Millennium-Saison, meine Erlebnisse am Rande der Strecke und meine Meinungen über die aktuellen Piloten. Schließlich gibt es noch einige Erinnerungen an die „Golden Oldies" der Formel 1.

In den Anhängen, die das ständige Suchen nach einer verbesserten Sicherheit unterstreichen, und den Verletzungsstatistiken wird deutlich, dass die jungen Grand-Prix-Piloten Belastungen ausgesetzt sind, die weit über den allgemein akzeptierten Maßstäben liegen. Und daher ist es nur folgerichtig, dieses Buch „Über dem Limit" zu nennen.

Sid Watkins,
Paris, Frankreich
10. Januar 2001

Teil Eins

Die Zwischenzeit

1996

Melbourne, März

Vor dem Start der Saison 1996 war Mika Häkkinens Gesundung nach seinem furchtbaren Unfall in Adelaide im Jahr zuvor vermutlich das herausragende Ereignis. Nachdem er einige Zeit in einem Krankenhaus in Adelaide zugebracht hatte, kam er nach London, wo er operiert werden musste, weil der Unfall sein Hörvermögen beeinträchtigt hatte. Natürlich war er bei den Schwestern der absolute Star und wegen seiner angenehmen Art äußerst beliebt.

Der Grand Prix von Australien fand in jenem Jahr zum ersten Mal in Melbourne statt, wo im Albert Park eine neue Rennstrecke angelegt worden war, was einigen Protest hervorrief. Trotz aller Sicherheitsmaßnahmen gab es vor dem Rennen eine Bombenwarnung. Die Verantwortlichen meinten, dass die potenziellen Attentäter ihren Anschlag vermutlich am Beginn des Rennens planten und so den Start unterbrechen würden. Bernie Ecclestone, in seinem charakteristischen Humor, meinte nur: „Gut – wenn wir zwei Starts haben, macht das Ganze mehr Spaß. Das geht in Ordnung.“ Tatsächlich geschah nichts, doch die erste Runde war auch so einigermaßen explosiv.

Der großartige australische Rennfahrer Frank Gardner jagte wie immer im Arztwagen hinter dem Feld her. Entlang der Rennstrecke waren einige große Bildschirme aufgebaut und im Vorbeifahren sah ich auf einem, dass sich einige Kurven weiter ein Bolide in die Luft aufgestiegen war. Als wir an der Unfallstrecke eintrafen, stellte sich heraus, dass es sich um den Jordan von Martin Brundle handelte. Er befand sich bereits neben seinem vollständig zerstörten Monoposto und zeigte mit dem Daumen nach oben, als er uns sah. Nachdem sich ein australischer Arzt an seiner Seite befand und er zudem offensichtlich unverletzt war, setzten wir unsere Fahrt fort. In der Zwischenzeit war das Rennen allerdings abgebrochen worden, sodass wir uns wieder hinter der Startaufstellung einsortierten und die zweite Aufwärmrunde und den Neustart erwarteten. Frank und ich saßen im Wagen, als Brundle zu uns kam. Später fand ich heraus, dass Eddie Jordan ihn aufgefordert hatte, vor einem zweiten Start meine Erlaubnis einzuholen. Wir hatten allerdings bereits vom australischen Ärzteteam gehört, dass er in Ordnung war.

Ich verließ den Wagen und sah auf Anhieb, dass er topfit war und fragte ihn daher: „Willst du starten?“ und er antwortete: „Ja, bitte.“

„Nun ich glaube, du bist in Ordnung“, antwortete ich und legte meinen Arm um seine Schulter – dieses Bild ging um die ganze Welt. Bei seinem Lauf zurück in die Boxengasse genoss er den Applaus des Publikums. Wir warteten auf den zweiten Start. Dieses Mal gab es kein Problem in der ersten Runde, und auch das Rennen verlief ruhig.

Es war das erste Rennen von Jacques Villeneuve für Williams. Während des gesamten Wochenendes hatte er sich in Topform gezeigt. Er und Damon Hill übernahmen sofort die Führung und lieferten sich einen packenden Zweikampf. Jacques war von der Pole vor seinem Teamkollegen ins Rennen gegangen. In dieser Reihenfolge dominierten sie lange Zeit das Rennen, bis Villeneuve wegen eines technischen Problems die Führung an Hill abgeben musste.

Nach dem Rennen ging ich in die Jordan-Box, um mir die Überreste von Martins Boliden anzusehen. Die Überlebenszelle war intakt geblieben und nun von einem wahren Trümmerhaufen umgeben. Danach sah ich die Aufzeichnung des Unfalls. Der Wagen war unter anderem über Johnny Herbert geflogen, der dabei den Unterboden des Jordan studieren konnte, bis Brundle schließlich im Kiesbett landete. Auf die Frage der Reporter, was er empfunden hatte, antwortete Johnny nur: „Haben sie *Top Gun* gesehen?“

Im April 1995 kehrte der Rennzirkus zum ersten Mal nach dem Falklandkrieg wieder nach Argentinien zurück. Ich war von den Veränderungen in der Einstellung der Menschen und den medizinischen Einrichtungen seit meinem letzten Aufenthalt in dem Land 1981 zutiefst beeindruckt. Die Rennstrecke und auch das medizinische Zentrum waren vollkommen neu gestaltet worden und zudem arbeitete eine ganz neue Mannschaft. 1996 gelang dem Williams-Team wiederum ein Doppelsieg wie in Australien. Damon Hill, der zuvor bereits in São Paulo gewonnen hatte, gelang sein dritter Saisonsieg hinter einander.

Nach dem brasilianischen Grand Prix nutzte ich die Gelegenheit zu einem Ausflug an die Wasserfälle von Iguaçu, die ich bereits in den siebziger Jahren besucht hatte. Damals hatte ich dort „James Bond“ Roger Moore getroffen. Dieses Mal begleiteten mich mein Sohn Alistair, der als Pressesprecher für die FIA arbeitete, der medizinische Inspektor der FIA, Jean-Jacques Isserman und der Anästhesist der FIA, Peter Byles, der, wie bereits in meinem ersten Buch beschrieben, schon mal James Hunt nachgeahmt hatte. Wir verbrachten eine wunderbare Zeit, wozu auch eine Furcht erregende Fahrt in einem Gummiboot am Rande der Fälle gehörte. Als wir das Boot verließen, waren wir nicht nur gut durch gefeuchtet, meine Nerven waren ebenfalls stark beansprucht.

Anfang 1996 hatten wir einen neuen Kopf- und Nackenschutz für die Piloten eingeführt, der aus einem Schaumkragen bestand, der die Form eines Hufeisens hatte und *Confor* genannt wurde. Die von der Motor Industry Research Association in Nuneaton durchgeführte Forschung ergab, dass ein 7,5 Zentimeter dickes und mit einer Kevlarhaut ummanteltes Stück Schaumstoff, am oberen Teil des Boliden montiert, die auf die Fahrer einwirkenden Fliehkräfte und damit auch die Gefahr von Kopfverletzungen deutlich senken konnte. In Melbourne bewährte sich Confor bei Brundles Unfall und schützte den Piloten zusammen mit anderen Einrichtungen vor schweren Verletzungen. Viele Teams widersetzten sich zunächst der Einführung dieser Sicherheitsvorrichtung, die mit Auftakt der Saison 1996 zur Pflicht wurde, obwohl klar war, dass sie eingeführt werden sollte. Mit Ausnahme von Ferrari beklagten sie sich bei mir als Vorsitzendem der Advisory Expert Group, weil man im Interesse der Aerodynamik und geringerer Kosten auf die hochgezogenen Cockpitseiten verzichten wollte. Ein Teammanager kam sogar zu mir und erklärte, dass ich ihn eine Million Pfund gekostet hätte, weil er nun das Chassis neu entwickeln müsse. Ich riet ihm, das vom Honorar seines Piloten abzuziehen, der vermutlich sieben Mal so viel verdienen würde und auf die eine Million verzichten könne. Doch Max Mosley als Präsident der FIA blieb trotz aller Klagen hart, und so gab es kein Zurück mehr.

Im August 1996 hatte Jos Verstappen auf der Strecke von Spa-Francorchamps kurz vor dem medizinischen Zentrum einen schweren Unfall. Er schlug mit gut 160 km/h in die Absperrung ein und kletterte zur allgemeinen Überraschung leicht schwankend, aber ansonsten unverletzt aus dem Wrack. Ein medizinisches Team in seiner Nähe half ihm in einen Krankenwagen. Bei der Rekonstruktion des Unfalls stellte sich später heraus, dass er bei dem Unfall Fliehkräften ausgesetzt war, die er weniger gut geschützt, wenn überhaupt, nur mit schwersten Hirnschäden überlebt hätte. Gerettet hatten ihn sein Helm und *Confor*!

Das Williams-Team dominierte die restlichen Rennen des Jahres. Nach Damons Sieg in Argentinien gewann Villeneuve auf dem Nürburgring. Hill triumphierte dann in Imola, Kanada, Frankreich, Deutschland und Japan und sicherte sich die Weltmeisterschaft, während Villeneuve in Silverstone, Ungarn und Portugal siegte, was ihm den zweiten Platz in der Weltmeisterschaft sicherte.

Anfang des Jahres hatte man mir mitgeteilt, dass ich den *Mario Andretti Award* für herausragende Leistungen im Bereich der Medizin bekommen sollte und daher unterbrach ich meine Reise nach Kanada in Detroit, wo gerade ein CART-Rennen stattfand. Ich fühlte mich geehrt, die Auszeichnung aus Marios Händen entgegen zu nehmen und feierte danach mit einigen seiner Freunde bei einem angenehmen Abendessen.

1997

Montreal: Juni

Wir hatten den Unfall auf dem großen Bildschirm neben unseren Standort am Ausgang der Boxengasse der Strecke auf der Isle Notre Dame verfolgt. Der Bolide von Olivier Panis war gegen eine Betonmauer geprallt und danach auf die andere Seite der Strecke geschleudert. Immer wenn sich derartige Unfälle ereignen, warte ich nervös darauf, ob sich der Pilot nach dem Aufprall bewegt. Oftmals bleibt der Helm für einige Sekunden lang absolut regungslos, doch diese Zeit scheint immer länger zu dauern als nur einige Sekunden. Bald bewegte sich Oliviers Kopf und er versuchte sich aus dem Cockpit zu befreien. Doch dann sackte er wieder zurück und rief die Streckenposten herbei. In diesem Moment hörte ich, wie Herbie Blash, der stellvertretende Renndirektor, über Funk meinte, „Sid sollte sich das mal ansehen". Wir bereiteten uns bereits auf unsere Abfahrt vor, als mich Herbie bat: „Sid, könntest du dir bitte mal den Panis-Unfall ansehen?"

Ich wandte mich an meinen Chauffeur und sagte: „Let's go."

Zu meinem Erstaunen fragte er: „Mitten im Rennen?"

Ich dachte, dass ich ihn in den beiden voran gegangenen Tagen vielleicht nicht ausreichend informiert hätte und meinte: „Ja, während des Rennens. Und jetzt los!"

Als nächste Überraschung sagte er: „Aber wir wissen doch gar nicht, wo der Unfall ist."

„Wenn wir um die Strecke herum fahren, werden wir ihn sicherlich finden", antwortete ich sichtlich gereizt.

In der Zwischenzeit hatte Herbie das Safety Car zunächst in Bereitschaft versetzt und dann auf die Strecke geschickt. Die beiden Wagen verließen die Boxengasse gemeinsam, doch

Oliver Gavin im Safety Car hatte auf der Strecke gestoppt, um die Formel-1-Boliden aufhalten zu können. Wir fuhren direkt auf die Strecke an den Unfallort, wo der Prost von Panis seine Einzelteile auf der Piste verteilt hatte. Als ich meine Tür öffnete, kam eine Horde von Formel-1-Boliden heran gejagt, so dass ich die Tür wieder schloss, um ihnen so viel Raum wie möglich zu lassen. Olivier lag neben der Strecke hinter seinem Wagen. Der Anästhesist der FIA, Gary Hartstein, und ich waren erstaunt, dass man seinen Oberkörper in eine Rolle von zusammengenieteten Reifen gelegt hatte, um ihn so vermutlich besser schützen zu können. Gary kümmerte sich um den Kopf des Piloten und ich um seine Verletzungen. Es ist üblich, dass sich der Anästhesist um die Atmung und den Blutkreislauf kümmert, während ich mich mit dem Rest beschäftige. Es war offensichtlich, dass das rechte Bein unterhalb des Knies gebrochen war. Ich nahm meine Schere und schnitt den Rennanzug am rechten Bein auf. Plötzlich tauchten die riesigen Füße eines Streckenpostens in gefährlicher Nähe der Bruchstelle auf, so dass ich ihn bat, seine „Extremitäten zu entfernen". Nachdem sich Olivier und Gary unterhielten, untersuchte ich das gebrochene Bein. Die Formel-1-Boliden waren noch immer auf der Strecke und machten entsprechend Lärm. Zusätzliche medizinische Unterstützung traf mit einem Satz Schienen ein, so dass ich Oliviers Bein über- und unterhalb des Bruchs fixieren konnte. In der Zwischenzeit hatten die Streckenposten den schützenden Reifenstapel entfernt, und Gary setzte eine intravenöse Infusion. Ich redete mit Panis über sein rechtes Bein. Worauf der Franzose meinte, dass er auch Schmerzen im linken hätte. Ich konnte äußerlich keine Fehlstellung der Knochen feststellen, entdeckte aber unterhalb des Schienbeins eine Schwellung. Die schnellste Lösung bestand darin, das linke Bein an das bereits geschiente rechte zu fixieren. Nachdem ich das getan hatte, hatte Gary die Infusion gesetzt und wir waren bereit für den Transport im

Krankenwagen. Erst jetzt bemerkte ich die Stille auf der Strecke. Das Rennen war abgebrochen worden.

Olivier kam begleitet von Gary in den Krankenwagen. Zusammen mit meinem Fahrer begab ich mich ins medizinische Zentrum. Dort übernahmen das Team um Dr. Denis und Dr. Jacques Buchard die weitere Behandlung. Team und Ausrüstung in Montreal gehören weltweit zum Besten, so dass ich bei Rennen auf der Isle Notre Dame nie Probleme hatte. Alain Prost war inzwischen auch dort eingetroffen und wir teilten ihm mit, dass Olivier so weit in Ordnung war, abgesehen von einem, vielleicht auch zwei gebrochenen Beinen.

Das Rennen war 15 Runden vor dem planmäßigen Finale abgebrochen worden, was 75 Prozent der vorgesehenen Distanz entsprach. Schumacher kam so zu einem weiteren Sieg. Später erfuhr ich, dass er sich Sorgen um Oliviers Verletzungen machte und bitter darüber klagte, dass sich dieser Unfall überhaupt ereignen konnte. Ich hielt das für ein wenig übertrieben. Das galt auf der anderen Seite aber auch für Jacques Villeneuve, der meinte, dass sich Menschen ihre Beine häufig beim Skilaufen brechen und man deshalb nicht so viele Emotionen zeigen sollte. Panis hatte zweifellos einen schwer wiegenden Unfall erlitten, das Chassis war vor dem Cockpit gebrochen und hatte dabei seine Beine verletzt. Ich hoffte auf einige hilfreiche Daten, doch wurde ich wenige Wochen später enttäuscht, als man mir mitteilte, dass der Unfallrecorder ausgefallen war.

In der Nacht danach wurden die Beine des Franzosen operiert und gleichzeitig auch das in Mitleidenschaft gezogene Gewebe behandelt, um so zu verhindern, dass die Muskeln durch zu große Spannung abstarben.

Das Jahr 1997 hatte problemlos mit einem Sieg von Coulthard in Australien begonnen, dem ein Erfolg von Villeneuve in Brasilien folgte. Die zweiwöchige Pause zwischen den Rennen in Brasilien und Argentinien nutzte der Kanadier zu einem Urlaub – mit Folgen. Erst am Sonntagmorgen erfuhr ich, dass er Magenprobleme hatte, als ich eine Stunde vor dem Warm-up in die Williams-Box gebeten wurde. Dort erzählte man mir, dass er seit einer Woche unter einer Gastritis litt. Er hatte es mit einigen Medikamenten versucht, die sich aber als unwirksam erwiesen, so dass er noch immer die Nähe einer Toilette schätzte. Nun musste er seinen Magen und Darm unter Kontrolle bringen. Ich riet ihm zur Einnahme von vier Lomotil-Tabletten – das Doppelte der normalen Dosis. Er wirkte beeindruckt und fragte: „Und was passiert, wenn sie nicht helfen?"

„Nun, dann müssen wir zum Champagner-Korken greifen."

„Wie funktioniert das?"

„Den stecken wir in deinen Hintern. Je größer der Druck wird, desto tiefer dringt er dank seiner Form in die Öffnung ein." Er war nicht ganz sicher, ob ich einen Witz machte, nahm aber dennoch am Warm-up teil.

Nach seiner Rückkehr von der Rennstrecke fragte ich ihn nach seinem Befinden, und nachdem er keine Beschwerden mehr hatte, riet ich ihm, ins medizinische Zentrum zu kommen, um dort in der Kühle Flüssigkeit zu sich zu nehmen, um nicht dehydriert ins Rennen zu gehen. Er bat um eine intravenöse Infusion, was wir aber nicht für sinnvoll erachteten. Durch den Einstich hätte ein Bluterguss entstehen können, der ihn wiederum beim Fahren behindert hätte. Und weil er auf der Pole Position stand, hatte er eine gute Chance, das Rennen zu gewinnen. Die wollte ich ihm nicht nehmen.

Ungefähr eine halbe Stunde vor Öffnung der Boxengasse untersuchte ich ihn noch einmal mit Gary Hartstein und Jean-Jacques Isserman, um sicher zu gehen, dass er im Besitz seiner Kräfte war. Blutdruck und Puls waren in Ordnung, außerdem hatte er genügend Flüssigkeit zu sich genommen und fühlte sich besser. In der Tat gelang ihm ein sehr guter Start, und er siegte trotz Montezumas Rache.

Er hatte ein fantastisches Jahr mit Siegen in Spanien, Silverstone, Ungarn, Österreich und beim Grand Prix von Luxemburg auf dem Nürburgring. Er hätte auch den Grand Prix von Europa im spanischen Jerez gewinnen können, doch eine Kollision mit Schumacher brachte ihn um diesen Sieg. Villeneuve hatte versucht, Schumacher innen zu überholen, worauf der Deutsche seinen Ferrari in den Williams lenkte. Schumacher landete im Kiesbett, während Villeneuve weiter fahren konnte, in der letzten Runde aber von den beiden McLaren überholt wurde, was Häkkinen schließlich seinen ersten Grand-Prix-Sieg bringen sollte. Sein dritter Rang reichte Villeneuve aber für die Weltmeisterschaft.

Die Kollision brachte Schumacher nach einer Untersuchung durch die FIA um seinen zweiten Platz in der Weltmeisterschaftswertung – gleichzeitig wurden alle seine Platzierungen in jenem Jahr nachträglich gestrichen.

Am Ende der Saison zog sich Gerhard Berger aus dem aktiven Motorsport zurück. Alle Beteiligten bedauerten diesen Schritt, weil er viel Spaß in die Szene gebracht hatte. Seinen Humor und die damit verbundenen Streiche würde man vermissen. Im Sommer war sein Vater gestorben, doch trotz der Trauer um diesen Verlust gelang ihm noch ein letzter Sieg in Hockenheim und bei seinem letzten Rennen in Jerez kam er auf den vierten Platz, so dass er einen Abschied im Zeichen des Erfolges hatte. Er setzte seine Arbeit in der Expert Advisory Group fort, bis es ihm sein neuer Job bei BMW unmöglich machte, weiter an den Besprechungen teil zu nehmen.

Im September überreichte mir in Edinburgh Prinz Michael von Kent den Centenary Award of Merit des Royal Automobile Club. Die Ehrung war aus Anlass des 100-jährigen Bestehens des Clubs geschaffen worden. Zuvor gab es ein hervorragendes Essen, an dem auch mein Freund Jeffrey Rose, Vorsitzender des RAC, teilnahm.

Gegen Ende des Jahres wurde in Monaco vor der Ehrung

der verschiedenen Weltmeister ein Symposium unter der Schirmherrschaft der FIA veranstaltet, das sich mit Sicherheitsfragen beschäftigte. Experten von Herstellern aus Europa und den USA einigten sich dabei auf zukünftige Forschungsprojekte.

1998

Melbourne: März

Der Weltmeister des Jahres 1997, Jacques Villeneuve, war Ende des Jahres erblondet, was den mit einer gehörigen Portion Humor ausgestatteten Frank Gardner deutlich sichtbar überraschte. Frank konnte einfach nicht glauben, was er sah und gab einige nicht druckreife Kommentare über Villeneuves neues Aussehen von sich. Als wir beide durch die Boxengasse liefen, tauchte dort eine Frau auf, die genau die gleiche Haarfarbe wie Villeneuve hatte. „Da geht Villeneuve mit Titten", meinte Gardner trocken.

Der Rest des Wochenendes verlief ziemlich ruhig. Das Rennen wurde von Häkkinen gewonnen, der kurz vor Ende die Führung von Coulthard übernommen hatte. Häkkinen siegte danach in Brasilien, Spanien, Monaco, Österreich, Deutschland, Luxemburg und Japan und sicherte sich so seinen ersten WM-Titel.

Das Rennen in Japan fand fast auf den Tag genau drei Jahre nach seinem schweren Unfall in Australien statt, bei dem er eine schwere Hirnverletzung erlitten hatte. Ich war über seine Fortschritte erfreut, und wie er sich seit seiner Rückkehr 1996 gesteigert hatte, um nun sein volles Potenzial zu zeigen.

1998 hatten wir einige schwere Unfälle. In Kanada kam es im Juni zu einer Massenkollision in der ersten Kurve, und auch beim zweiten Start gerieten Alex Wurz und Jean Alesi aneinander, doch zum Glück verletzte sich niemand.

Schlechtes Wetter, verbunden mit minimaler Sicht und einer glatten Strecke verwandelten in Spa die Kurve La Source in einen gigantischen Schrottplatz. Trotz der schlechten äußeren Bedingungen wurde normal gestartet. Davon ist man inzwischen zum Glück abgekommen und startet bei kritischen

Wetter- und Streckenverhältnissen vermehrt unter dem Safety Car. Marc Duez fuhr den Arztwagen hinter Ricardo Rosset, als wir in La Source eintrafen. Bevor man in die Kurve einbiegt, kann man den weiteren Verlauf kaum überblicken, weil sie steil nach Eau Rouge abfällt. Ich sah nach vorn und erblickte dort viele Wagenteile und Reifen. Ich sagte zu Marc: „Es gibt Ärger da vorne.“ Er verlangsamte den Wagen, doch Rosset blieb auf dem Gas, als sei nichts geschehen.

Als wir um die Kurve kamen, lagen alle möglichen Teile, Flügel, Räder, schrottreife Rennwagen auf der Piste. Doch glücklicherweise waren offensichtlich alle unverletzt davon gekommen. Gary Hartstein sprang aus dem Wagen und rannte zum hinteren Teil der Szene, um sicher zu gehen, dass niemand verletzt war. Marc und ich fuhren weiter nach vorne, um uns zu vergewissern, dass dort alle Beteiligten mit dem Schrecken davon gekommen waren. Die einzigen Opfer waren, glaube ich, Eddie Irvine mit einem ramponierten Ellbogen und Rubens Barrichello, der sich den Kopf gestoßen hatte. Auf seinem Helm befand sich eine rote Flüssigkeit, die ihn glauben ließ, dass er sich am Kopf verletzt hätte. Nachdem er jedoch den Helm abgesetzt hatte, befand sich nichts davon auf dessen Innenseite, so dass keine Verletzung vorlag, obwohl er sich nicht sehr gut fühlte. Offensichtlich hatte er rote Farbe von den Reifenstapeln abbekommen.

Es dauerte einige Zeit, bis die Strecke aufgeräumt war, wobei es durchaus glücklichen Umständen zu verdanken war, dass so gut wie keine Teile in die Zuschauer geflogen waren.

Nach dem Neustart entwickelte sich ein spannendes Rennen, wobei vor allem Michael Schumachers Kollision mit David Coulthard bemerkenswert war. Coulthard lag bereits eine Runde zurück, als er vom führenden Schumacher übersehen wurde. Schumachers Wagen wurde schwer beschädigt und rollte nur noch auf drei Rädern in die Box zurück. Der Sieg ging so an Damon Hill, der den ersten Erfolg für Jordan einfuhr. Marc Duez gebührte für seine Fahrt in dem äußerst schlechten Wetter höchste Anerkennung.

Vor dem Rennen hatten Mika Salo und Jacques Villeneuve schwere Trainingsunfälle erlitten. Jacques knallte am Ende der Eau Rouge mit 300 km/h in die Absperrungen. Mika drehte sich ebenfalls in Eau Rouge und flog mit seinem Arrows heftig in die Reifenstapel ab. Rote Farbe an seinem Helm zeigte, dass er Kontakt mit den Reifen gehabt hatte, was ihm starke Kopfschmerzen einbrachte. Der neue Kopfschutz war bei beiden Unfällen zerstört worden, was aber auch zeigte, wie gut die neue Einrichtung funktionierte.

Salo wurde im Hubschrauber zu einer Hirnuntersuchung gebracht. Eine gute Stunde später war er wieder an der Rennstrecke. Im medizinischen Zentrum präsentierte ich ihm die Aufnahmen, die nur seinen Schädel zeigten. Ich fragte ihn, was er von seinen Röntgenbildern hielte. „Da ist ja nichts drin“, meinte er überrascht. Ich erklärte ihm, dass dies für einen Rennfahrer durchaus normal sei und brachte ihn dann zu seinem Chef Tom Walkinshaw und wiederholte dort die Nummer. Tom sah mich nur an und meinte: „Hattest du etwa was anderes erwartet?“

In Barcelona beim spanischen Grand Prix hatten wir viel Spaß. Der mir zur Verfügung gestellte Fahrer erschien mir nicht für die Aufgabe geeignet, im Renntempo der ersten Runde des Formel-3000-Rennens zu folgen. Nachdem Niki Lauda in der Boxengasse war, fragte ich ihn, ob er bereit sei, mich zu fahren. Er war sofort einverstanden, fragte, wann er kommen solle und tauchte zehn Minuten, bevor die Boxenstraße geöffnet wurde, am vereinbarten Punkt ein. Er setzte sich hinters Lenkrad und fragte, ob er eine Proberunde drehen könne, weil er noch nie auf der Strecke gefahren sei und auch den Mercedes 500 Kombi noch nicht bewegt habe. Ich war einverstanden und er begann seine Runde, die gemessen daran, dass er weder Strecke noch Wagen kannte, sehr schnell war. Als das Rennen begann, fuhr er hervorragend, weigerte sich aber, einen Helm zu tragen oder den Sicherheitsgurt anzulegen, weil er „nicht übermütig“ werden wollte.

1999

Silverstone: Juli

Es war eigentlich ein ruhiges Wochenende, bei dem der Arztwagen nicht zu irgendeinem Vorfall fahren musste. Das Publikum genoss das gute Wetter, als sich das Feld in Bewegung setzte. Alex Ribeiro fuhr das Medical Car mit mir auf dem Beifahrersitz. Phil Rayner, unser Anästhesist, saß im Fond. Die Wagen hatten nun ihre Aufwärmrunde hinter sich, so dass wir uns an die Hinterbänkler hingen und zusammen mit ihnen auf den Start warteten.

Zwei Wagen blieben beim Start stehen. Allerdings war es zu spät, den Start abzubrechen. Alex fuhr an den beiden Havaristen vorbei und nahm Copse so schnell wie möglich. Wir rasten auf Maggots zu und sahen die aufgereihten Boliden in der Ferne verschwinden.

Als wir die Hangar-Gerade erreichten, sahen wir gelbe Flaggen und entdeckten kurz darauf das Heck eines Ferrari, der in der Reifenbarriere bei Stowe steckte. Gleichzeitig bat uns Herbie Blash von der Rennleitung, ob wir anhalten könnten, um Michael Schumacher zu untersuchen. Es ist ein langer Weg vom Asphalt über den Kies, doch wir waren bereits 86 Sekunden nach seinem Unfall bei Michael Schumacher. Der bei Stowe platzierte Arzt kümmerte sich bereits um ihn und auch ein Rettungsteam war auf dem Weg.

Als ich mich dem Ferrari näherte, sah ich den hinteren Teil von Schumachers Helm. Er entdeckte mich sofort und meinte: „Sid, es ist nur ein gebrochenes Bein.“ Die Streckenposten versuchten, ihn aus dem Wagen zu ziehen, was er selbst bereits vergeblich versucht und dabei festgestellt hatte, dass sein Bein gebrochen war. Es war ein schwieriges Unterfangen, weil das gebrochene Bein an der Lenksäule vorbei gelotst werden musste, doch bald lag er auf dem Kies vor seinem Wagen. Ganz sachlich sagte er zu mir: „Sid, kannst du zwei Dinge für mich tun. Ruf bitte meine Frau an und sage ihr, dass es nur ein gebrochenes Bein ist und greif dir dann Jean Todt und sag ihm, dass er den anderen Wagen checken soll, weil die Bremse versagt hat."

Ich versprach ihm das, um dann sein rechtes Bein zu schienen und mit dem anderen zu verbinden. Er bekam Entonox – eine Mischung aus Gas und Sauerstoff –, mochte es aber nicht und bat den Arzt höflich, es wegzunehmen. Die Streckenposten hatten die Szene abgeschirmt, so dass wir ihn in den wartenden Krankenwagen bringen konnten. Michael wollte aber der Welt zeigen, dass er in Ordnung war und winkte seinen Fans über die Tücher hinweg zu.

Während Phil und ich mit den anderen Ärzten und Rettungssanitätern arbeiteten, sammelte Alex Ribeiro den gebrochenen Kopfschutz, Michaels Helm und Lenkrad sowie -säule ein. Später fanden wir heraus, dass das Monocoque transversal gebrochen war und eine der Radaufhängungen ins Cockpit gedrungen war.

Im medizinischen Zentrum übernahm mein alter Freund und Kollege Brian Simpson die weitere Behandlung. Wir schnitten Michaels Overall auf, um ihn vollständig untersuchen zu können. (Später beklagte er sich darüber, dass wir beinahe sein Allerheiligstes abgeschnitten hätten. Ich war mir nicht sicher, ob er das ernst meinte. Auf jeden Fall wies ich alle Schuld von mir, war aber vielleicht in der Tatetwas nahe gekommen...) Nachdem wir ihn stabilisiert hatten, bat er um ein Handy, um seine Frau anzurufen. In der Zwischenzeit war auch Jean Todt eingetroffen, so dass für mich nichts mehr zu tun blieb. Ich vertraute Michael den sicheren Händen der medizinischen Mannschaft von Silverstone an und bereitete mich zusammen mit Phil und Alex auf den Neustart vor.

Während wir auf den zweiten Start warteten, fragte Bernie

Ecclestone über Funk nach Schumachers Befinden. Ich teilte ihm in Schumachers Worten die gute Nachricht – „nur ein gebrochenes Bein“ – mit.

Der zweite Start und das Rennen selbst verliefen ereignislos. David Coulthard feierte seinen ersten Sieg bei einem britischen Grand Prix.

Kurz nach dem Neustart war Michael mit einem Hubschrauber in das Northampton General Hospital gebracht worden, wo er operiert wurde. Als wir die Strecke verließen, war er bereits im Operationssaal, so dass es keinen Sinn mehr machte, ins Krankenhaus zu fahren.

Einige Tage später klingelte mein Handy in Paris. Michael bedankte sich für die Hilfe und machte noch mal deutlich, wie sehr er Entonox hasste.

Zwei Monate später versuchte er ein Training in Monza, musste aber wegen starker Schmerzen abbrechen. Vernünftigerweise verschob er sein Comeback bis zwei Rennen vor Saisonschluss in Malaysia, wo er zuvor von Jean-Jacques Isserman, dem Streckenarzt Dr. Mohd Zin Bin Bidin und mir untersucht wurde. Die Medien wollten ganz genau wissen, wie wir ihn untersuchten. Nicht ganz ernst gemeint erwiderte ich, dass er einen Elfmeter gegen mich verwandeln müsse. Damit bezog ich mich natürlich auf Schumachers Fähigkeiten als Fußballer. Tatsächlich musste er innerhalb von zehn Sekunden das Cockpit verlassen können und das Lenkrad wieder aufstecken. Dann ließen wir ihn auf dem verletzten Bein springen, um sicher zu gehen, dass er schmerzfrei war. Im Qualifying stellte er den Ferrari auf die Pole Position. Im Rennen belegte er schließlich hinter Irvine, den er vor den McLaren schützte, den zweiten Platz. Zwei Wochen später in Japan fuhr er wieder die schnellste Trainingszeit, um das Rennen dann hinter Häkkinen, der sich seinen zweiten Titel mit einem Vorsprung von zwei Punkten vor Eddie Irvine sicherte, zu beenden. Allen Beteiligten war klar, dass Schumacher den Unfall ohne psychische Folgen verkraftet hatte.

Seit Ende 1999 nimmt Schumacher in der Forschungsgruppe der FIA den Platz von Gerhard Berger ein und hat bereits Beiträge zur Verbesserung der Sicherheit geleistet.

1999 war von zahlreichen Unfällen gekennzeichnet, die alle zugleich auch einen erzieherischen Wert hatten. Im April war Ricardo Zonta in Brasilien von der Strecke abgekommen und in die Absperrungen geprallt, wobei Teile der Radaufhängung an zwei Stellen in das Cockpit eindrangen. Dabei wurde unter anderem eine Sehne in seinem linken Fuß verletzt, was eine Operation notwendig machte. Zwei Monate später, als er dachte, fit genug zu sein, kam er zu einer Untersuchung nach Monaco, wo Jean-Jacques Isserman und ich ihn zusammen mit Dr. Scarlot untersuchten. Es war offensichtlich, dass er noch nicht ausreichend wiederhergestellt war, um wieder ins Cockpit zu steigen. Er konnte nicht auf seinem verletzten Bein springen und konnte seinen Fuß auch nicht entsprechend bewegen. Wir teilten ihm mit, dass er noch einige Zeit für seine Erholung benötigte.

Während seiner Zwangspause wurde Zonta im BAR-Team von Mika Salo vertreten. Einige Medien wollten nicht verstehen, warum Zonta nicht zurückkehren durfte, so dass einige düstere Verschwörungstheorien entstanden. Man warf mir sogar vor, dafür bezahlt zu werden, Zonta pausieren zu lassen. Als mich einer der misstrauischen Journalisten in Barcelona im Fahrerlager erwischte und das Thema aufbrachte, wandte ich mich an Pasquale Lattenedo, Bernies rechte Hand, und fragte ihn: „Pasquale, wo hast du das Geld versteckt, das wir von Salo bekommen haben, damit Zonta nicht fahren darf?"

Wie aus der Pistole geschossen erklärte er, „Professor, am üblichen Platz."

Der Journalist ging verwirrt weiter, ohne die Geschichte zu verbreiten.

Im Juni, gegen Ende des Rennens in Montreal, sahen wir auf dem riesigen Bildschirm, wie Heinz-Harald Frentzen von der Strecke flog. Er hatte seinen Unfall an der gleichen Stelle, die bereits Jean-Pierre Jabouille 1979 zum Verhängnis geworden war. An diesem Punkt der Strecke gibt es nicht viel Auslauf, so dass er die Absperrungen traf und schließlich in Fahrtrichtung zum Stehen kam. Weil Heinz-Harald nicht sofort versuchte, das Cockpit zu verlassen, ließ Herbie Blash das Safety Car starten und bat den Arztwagen auf die Piste. Wir rasten auf die Strecke, während Olivier Gavin die Boliden einfing. Kurz vor der Unfallstelle gibt es eine Verbindungsstraße, wo ich Alex bat, den Wagen zu parken. Gary Hartstein und ich sprangen heraus und eilten zu Frentzen. Als wir bei ihm eintrafen, schlug er auf sein Cockpit und fluchte „bloody FIA, bloody FIA". Er war wütend, weil er wegen eines Bremsversagens von der Strecke abgekommen war und die FIA die Größe der Bremsscheiben beschränkt hatte. Seiner Meinung nach hatte dies zu einer Überhitzung und der daraus folgenden Explosion geführt. Abgesehen von seiner schlechten Laune, machte er einen guten Eindruck, obwohl seine Beine leicht schmerzten. In der Zwischenzeit hatte das Safety Car das Feld unter Kontrolle, so dass wir eine Pause nutzten, um Frentzen in den Arztwagen zu begleiten. Er stieg zusammen mit Gary in den Fond, saß dort ruhig, bis das Rennen beendet war.

Plötzlich hörte ich Frentzen sagen, „ich bin wieder da". Wir hatten keine Ohnmacht feststellen können, doch wie es oftmals nach Kopfverletzungen der Fall ist, war er offensichtlich nicht vollständig bei Bewusstsein gewesen, obwohl er einen klaren Eindruck gemacht hatte. Das war wohl auch bei Frentzen der Fall gewesen.

Später erfuhren wir, dass sich Frentzen einer Untersuchung seines Hirns unterzogen hatte und Röntgenaufnahmen seiner Beine keine Anzeichen für eine Verletzung ergeben hatten. Nach einiger Zeit berichtete mir Frentzen allerdings, dass eine genauere Untersuchung Mikrofrakturen in der Höhe seiner Knie ergeben hatte. An dieser Stelle waren sie beim Unfall aufeinander geprallt und zugleich an die Seiten des Cockpits gestoßen worden. Um derartige Unfälle in Zukunft zu verhindern, haben wir inzwischen neue Vorschriften für die Auspolsterung der Cockpit-Innenseiten entwickelt.

Auf dem Nürburgring kam es in der ersten Kurve nach dem Start, dem berüchtigten Castrol-S, zu einer Massenkollision, bei der unter anderem Damon Hill von der Strecke abgekommen war. Im Kiesbett auf der rechten Seite hatte sich ein Sauber überschlagen und war mit den Rädern nach oben liegen geblieben. Alex fuhr mit dem Arztwagen so nahe wie möglich an die Unfallstelle. „Es ist Diniz“, meinte er, während Gary und ich aus dem Wagen sprangen. Als wir uns näherten, kam eine Hand aus dem Cockpit, die mit dem Daumen nach oben wies, um uns mitzuteilen, dass der Pilot in Ordnung war. Um seine Botschaft zu unterstreichen, wackelte er mit seiner Hand. Es verlangt schon einige Konzentration, wenn man sich mit dem Kopf nach unten in einem Rennwagen befindet, die Hand so zu drehen, dass der Daumen nach oben weist. Erstaunlicherweise sind einige Rennfahrer intelligenter als man denkt...

Ich kniete neben dem Sauber und schob einigen Kies bei Seite, so dass ich Diniz sehen konnte. Sein Visier war offen, und er sagte: „Ich bin okay.“ Ich erklärte ihm, dass wir den Wagen auf die Räder stellen würden, was wir sehr vorsichtig zusammen mit dem Bergungsteam schafften. Wir stellten den Boliden zunächst auf die Seite und dann auf seine Räder, während ich Kopf und Rücken von Diniz unterstützte. Alex entfernte den Kopf- und Rückenschutz, und während wir seinen Rücken hielten, nahmen wir ihm den Helm ab und brachten eine Rückenschiene an. Er machte einen guten Eindruck, so dass wir ihn neben seinem Wagen auf eine Trage legten.

Als wir ihn auf die Trage platzierten, bat er mich, den Daumen nach oben zu halten und so ins Publikum zu winken, „damit mein Vater sehen kann, dass ich in Ordnung bin.“ Ich tat dies und dann sagte er zu mir: „Kannst du übrigens dem Krankenhaus mitteilen, dass ich mir vor einigen Jahren den Wirbel C4 gebrochen habe, damit sie bei den Röntgenaufnahmen nicht denken, dass es sich um einen neuen Bruch handelt.“ In der Zwischenzeit war das Safety Car auf der Strecke und die übrig gebliebenen Wagen wurden nun von Gavin über die Strecke geleitet. Wir machten uns aus dem Staub und nahmen wieder unsere Position am Ende der Boxengasse ein, wo wir über einem Bildschirm den Rest des Rennens verfolgen konnten.

1999 war ein wunderbares Jahr für Mika Häkkinen, was wenigstens zum Teil auch für Eddie Irvine galt, der dank der Abwesenheit von Michael Schumacher bis zum Grand Prix von Malaysia eine gute Chance hatte, sein Potenzial zu zeigen. Außerdem hat er auch viel humoristisches Talent, was er in Ungarn beim Piloten-Briefing unter Beweis stellte. Als der Rennleiter der FIA, Charlie Whiting, seine Ansprache beendet hatte, meldete sich Salo zu Wort und beklagte sich darüber, dass der Streckenposten, der normalerweise die blaue Fahne hätte zeigen müssen, wenn ein Wagen die Boxengasse verlässt, dies versäumt habe, als er auf die Strecke fuhr. Stattdessen habe der Mann in der Nase gebohrt. Der Schilderung folgte allgemeine Heiterkeit, in die Irvine fragte: „Hat er denn wenigstens gefunden, was er suchte?“

Jacques Villeneuve zeichnet sich ebenfalls durch einen ausgeprägten Humor aus. 1998 hatte er einen Riesenabflug in Eau Rouge, wobei er seinen Boliden komplett zerstörte. Als er in unseren Wagen stieg, meinten wir, „das war aber ein ziemlich schwerer Unfall“. „Ja“, sagte er, „das hat richtig Spaß gemacht.“ 1999 wiederholte er den Trick und als wir ihn abholten, sagte ich zu ihm: „Das war ja noch besser als im letzten

Jahr". „Ja", meinte er, „das war der beste Unfall, den ich je hatte." Einige Minuten später hatte Zonta einen noch spektakuläreren an exakt der selben Stelle. Später bekannte Villeneuve frustiert, dass Zontas Unfall noch schwerer als sein eigener gewesen war – worüber er nicht sonderlich erfreut war.

Das Ende des Jahres 1999 hielt noch einen Höhepunkt für mich bereit. Ich war gebeten worden, die Autosport Awards an das siegreiche Formel-1-Team – in diesem Fall McLaren – zu überreichen, was ich gerne tat. Nachdem ich zu meinem Platz zurück gekehrt war, wurde ich wieder auf die Bühne gerufen, wo man mir die *Gregor Grant Trophy* für meine Verdienste um den Motorsport überreichte. Ich war so überrascht, dass meine kurze Danksagung nicht gerade befriedigend ausfiel. Plötzlich bekam ich so viele Ehrungen, als ob man meinen Ruhestand vorweg nehmen wollte...

Teil Zwei

Die Millennium-Saison

Der Grand Prix von Australien

Im März 1996 hatte der Formel-1-Zirkus seinen ersten Auftritt in Melbourne. Seitdem findet die Saisoneröffnung stets in Australien statt. Ich vermisste zunächst das Finale in Adelaide, doch nun freute ich mich auch auf Melbourne, wo ich zudem einige gute Freunde habe: Der Neurochirurg David Wallace, der zusammen mit mir am London Hospital ausgebildet wurde, ist dort ebenso zu Hause, wie mein alter Kumpel Jimmy Mercer, mit dem ich zusammen die Prescot Grammar School besuchte und danach in Liverpool Medizin studierte. Seit 1985 ist Dr. David Vissenga, mit dem ich mich sehr gut verstehe, der verantwortliche Mediziner des australischen Grand Prix. Er und seine Frau wurden am London Hospital ausgebildet, wo ich als Professor für Neurochirurgie lehrte. Frank Gardner arbeitet als mein Chauffeur und unterhält mich mit seinem unerschöpflichen Vorrat an Witzen. Das Wetter ist im Allgemeinen ausgezeichnet, was auch für die Rennstrecke gilt. Der ehemalige Formel-1-Pilot Tim Schenken fungiert als Rennleiter, er ist sehr erfahren und gut organisiert. Was also kann man mehr erwarten?

Im Jahr 2000 sprach alles für eine Fortsetzung des Duells

zwischen Ferrari und McLaren. Würde es Mika Häkkinen gelingen, mit einem guten Saisonstart die Grundlage für einen dritten Titel zu legen? Es gab zugleich eine Menge Wirbel um den gerade mal 20-jährigen Jenson Button, bei dem man sich fragte, ob er reif genug für die Formel 1 war. Im Freitag-Training wurde er von einem Vogel im Cockpit überrascht und am Samstagmorgen hatte er einen Unfall, doch am Nachmittag qualifizierte er sich für die letzte Startreihe auf dem 21. Platz. Beim Start selbst standen wir direkt hinter ihm, doch die Dinge sollten sich für ihn entscheidend verbessern. Beim Warm-up am Sonntag fuhr er die dritte Zeit, was aber nur wenig besagte.

Die erste Startreihe wurde von den beiden McLaren besetzt, wobei Häkkinen neben David Coulthard auf der Pole Position stand. Michael Schumacher und Rubens Barrichello nahmen die zweite Reihe ein, vor den beiden Jordan. Die Symmetrie der Teams wurde von Eddie Irvine durchbrochen, der mit seinem siebten Startplatz Hoffnungen bei Jaguar weckte und Jacques Villeneuve auf den achten Rang verdrängt hatte. Frank Gardner zeigte sich wie gewohnt von seiner entspannten Seite, als wir uns hinter dem Feld aufstellten. Im Fond saß Roger Capps, unser ständiger Anästhesist in Australien, der nur einmal fehlte, als er in den Golfkrieg ausrücken musste. Der Start, den die beiden McLaren gewannen, verlief problemlos, so dass wir uns auf unsere Parkposition am Boxenausgang zurückziehen konnten.

Der Kampf um die Spitze endete vorzeitig mit dem Versagen der McLaren-Motoren. Coulthard fiel nach zehn, Häkkinen nach 19 Runden aus. Schumacher und Barrichello gelang so ein Doppelsieg vor Ralf Schumacher und Jacques Villeneuve, der die ersten Punkte für BAR einfuhr. In der Konstrukteurswertung hatte Ferrari 16 Punkte – McLaren keine.

Der Grand Prix von Brasilien

Ich reise gerne nach Brasilien wegen der wundervollen Menschen, obwohl ich São Paulo als ziemlich deprimierend empfinde. Es ist eine hässliche Stadt mit vielen gesichtslosen Hochhäusern, die wie Grabsteine in den Himmel ragen. Interlagos auf der anderen Seite macht immer Spaß, nicht nur wegen der Strecke, sondern auch wegen der vielen lebhaften Zuschauer.

Ich kam dieses Jahr aus Florida nach São Paulo, wo ich von Dr. Dino Altman begrüßt wurde, der seit der Eröffnung der neuen Strecke im Jahr 1990 die Stütze des brasilianischen Ärzteteams ist. Er hatte nun auch die Stellung des verantwortlichen Mediziners übernommen. Bis zur Saison 2000 hatte diese Position Dr. Renato Duprat inne, der gleichzeitig auch das „Goldene Kreuz" leitete, eine in ganz Brasilien arbeitende Hilfsorganisation. Er war auch für den Bau eines wunderbaren privaten Krankenhauses verantwortlich. Das Duprat Hospital ist außerordentlich gut ausgestattet, was auch für das medizinische Team gilt. Vor einigen Jahren fragte mich Tomas Rohonyi, ein guter Freund von Bernie Ecclestone, ob ich ihn im Hubschrauber begleiten würde, um das neue Krankenhaus zu besichtigen. Ich war einverstanden, und am Donnerstag vor dem Rennen verließen wir im Helikopter die Strecke. Wir landeten auf dem Krankenhausdach und begaben uns in die chirurgische Abteilung, wo sich zu meiner Überraschung viele Mitarbeiter und Journalisten befanden, die sich versammelt hatten, um die „Sid Watkins Chirurgie" zu eröffnen. Ich war einigermaßen verblüfft, als ich nach einer Rede von Dr. Duprat – von der ich kein Wort verstanden hatte, weil er brasilianisches Portugiesisch sprach –, antworten musste. Nachdem ich den Rest der hervorragenden Einrichtung besichtigt hatte, war ich froh, in mein Hotel zurückkehren zu dürfen, wo ich mir einen großen Whisky gönnte.

Im Millenniumsjahr schaffte ich es dagegen, derart peinliche Erlebnisse zu vermeiden. Dino brachte mich am Donnerstag auf die Strecke, wo ich sicherstellte, dass alles in Ordnung war. Dort traf ich Alex Ribeiro, der gerade die Chauffeure des Safety und des Medical Car eingewiesen und ihnen die Grenzen von Strecke und Fahrzeugen demonstriert hatte. Auch die TV-Überwachung des Kurses hatte ihren Test für das Freitag-Training hinter sich. Alex war wie üblich bestens gelaunt.

Auch das medizinische Zentrum war perfekt ausgerüstet und verfügte über ITU-Betten, Röntgengeräte, biochemische Labors und zwei Operationssäle. Zur herausragenden Mannschaft gehören neben den Chirurgen und Anästhesisten, Orthopäden, Augenchirurgen, Dermatologen und sogar ein Urologe, der sich auf die Behandlung von Impotenz spezialisiert hat. Er fragt mich immer, ob ich seine Hilfe benötige... Wie man sehen kann, ist die Atmosphäre dort ziemlich locker.

Alex Ribeiro ist der freundlichste Mensch, den ich kenne. Er ist gleichzeitig auch ein tief religiöser Mensch, der sich lange Zeit Hoffnungen gemacht hat, mich zu verändern – was ihm bisher allerdings nicht gelungen ist. Alex, Bernie und ich saßen einmal im Dezember 1998 bei einem Dinner zusammen, um seinen freiwilligen und ehrenamtlichen Einsatz für ein Jahr fest zu machen. Bernie fragte mich später, warum Alex sich zur Verfügung gestellt habe. „Alex möchte mich zu einem Christen bekehren", antwortete ich. „Da reicht kein Ein-Jahres-Vertrag. Am besten geben wir ihm einen Vertrag über zehn Jahre, und ich wette, dass Alex am Ende Zigarren raucht, Whisky trinkt und du unverändert bleibst." Seitdem fährt Alex den Arztwagen auf allen Strecken mit Ausnahme von Australien, wo ich mich Frank Gardner anvertraue. Er hat auch Spa 1999 verpasst, als er wegen eines Kartunfalls nicht antreten konnte. Sobald er sich hinter dem Lenkrad platziert hat, ist er eine vollkommen andere Persönlichkeit. Wie bei

Jekyll und Hyde verschwindet der nette Kerl und es kommt statt dessen – wie bei fast allen Formel-1-Piloten – ein Teufel zum Vorschein; obwohl er auf seinem Helm den Aufkleber „Jesus Saves“ trägt...

Er fährt mich schneller als alle anderen Chauffeure. In Eau Rouge habe ich mich in diesem Jahr sogar umgeblickt, um festzustellen, ob nicht mein Magen auf der Strecke geblieben ist. Bei unserer ersten Fahrt in Interlagos hat er mich zutiefst beeindruckt. Wir hatten einen Wagen, der nicht schnell genug war, um eine komplette Runde hinter dem Feld her zu fahren, und daher wählten wir eine Abkürzung zwischen Descida do Lago und Mergullho. Von Descida do Lago aus konnten wir sehen, ob es Probleme gab und von dort bei Bedarf weiterfahren, um zu helfen. Das Problem bestand allerdings darin, die Lücke in den Absperrungen bei Mergullho zu treffen, die nur wenige Zentimeter breiter als der Wagen war. Die Verantwortlichen der Strecke versprachen zwar, sie bis zum Rennen zu verbreitern, doch am Sonntag hatte sich nach dem Warmup nichts verändert. Die Verantwortlichen versprachen treuherzig, dies bis zum Rennen zu ändern, doch als wir an der Stelle eintrafen, hatte sich natürlich, wie zu erwarten, nichts getan. Alex fuhr nun so schnell wie er konnte und nahm die Lücke in Höchstgeschwindigkeit. Ich schloss meine Augen und erwartete den Aufprall, der sich aber zu meiner Verwunderung nicht einstellte.

In diesem Jahr war das Überraschendste neben den Leistungen der Fahrer die Unterbrechung des Trainings, weil einige Plakatwände auf die Strecke fielen. Jean Alesi wurde um ein Haar getroffen – sein Wagen jedenfalls war beschädigt. Die andere Überraschung war der Auftritt von Jenson Button, der seinen Teamkollegen Ralf Schumacher schlug, obwohl er noch nie in Interlagos gefahren war.

Jedes Mal, wenn die Ferrari auf die Strecke fuhren, wurden sie mit Applaus begrüßt. Der Lokalfavorit Rubens Barrichello saß zum ersten Mal in einem roten Boliden und die brasilianischen Fans zeigen ihre Treue mittels Trompeten und Trommeln äußerst lautstark. Das Publikum auf den Tribünen entlang der Geraden in Richtung Descido do Lago begrüßte mich mit den üblichen wüsten Beschimpfungen, die zu Alex' Belustigung von unserem griechisch-brasilianischen Anästhesisten Dr. Demetrios übersetzt wurden.

Wieder qualifizierten sich die beiden McLaren für die erste Startreihe. Mika Häkkinen auf der Pole Position, David Coulthard an seiner Seite. Die beiden Ferrari besetzten die zweite Reihe, wobei Michael Schumacher Rubens Barrichello nur ganz knapp geschlagen hatte, weil dessen schnellste Runde den abreißenden Plakatwänden und der roten Fahne zum Opfer gefallen war.

Das Wetter am Renntag war heiß und bedeckt. Das Rennen nahmen nur 20 Boliden in Angriff, weil Sauber seine Rennwagen wegen Stabilitätsproblemen mit den Flügeln zurück gezogen hatte. Salo hatte deshalb sogar einen Unfall, den er aber unverletzt überstand.

Nachdem die Boxengasse geschlossen worden war, gingen wir auf die Strecke und platzierten uns hinter dem Feld. Alex wird immer mit viel Applaus begrüßt, wenn wir hinter den Rennwagen die Aufwärmrunde erwarten. Der Start verlief ohne Probleme, so dass wir unseren Platz am Ende der Boxengasse einnehmen konnten, von wo wir ungefähr die halbe Strecke überblicken können. Schumacher beendete schnell Häkkinens Führung, der den zweiten Platz hielt, bis er von Barrichello überholt wurde. Doch dann versagte der Wagen des Brasilianers zur großen Enttäuschung des Publikums. Kurz danach musste auch Häkkinen seinen Renner abstellen. Schumacher gelang daher sein zweiter Sieg hintereinander vor David Coulthard. Allerdings wurde der Schotte anschließend disqualifiziert, weil ein Flügel zu tief montiert war. So kam Fisichella zu einem zweiten Platz und Jenson Button als Sechster zu seinem ersten Punkt. Der Brite wurde so zum jüngsten Piloten, der jemals einen Punkt in der Formel-1-WM errungen hatte. Schumacher hatte nun 20 Punkte, die McLaren-Piloten keinen und in der Konstrukteurswertung führte Ferrari mit 26 Zählern vor den bisher leer ausgegangenen McLaren.

Nach dem Rennen passierten wir auf dem Weg ins medizinische Zentrum einen zerstörten Jaguar. Eddie Irvine hatte offenbar Kontakt mit den Absperrungen gehabt, sich dabei aber nicht verletzt. Brasilien bietet unter anderem den Vorteil, dass die medizinische Mannschaft per Helikopter zum Hotel Transamerica transportiert wird. An jenem Tag wechselten wir schnell unsere Kleidung, um ins Hotel geflogen zu werden. Alex, Gary Hartstein und ich wurden von einer sehr attraktiven Pilotin erwartet, die wie meine Tochter Martha hieß. Zum ersten Mal wurde ich so von einer Pilotin in einem Hubschrauber geflogen.

Der Grand Prix von San Marino

Imola liegt in den hügeligen Landschaft südöstlich von Bologna. Die Altstadt besitzt viel Charme und ist die Heimat eines der besten Restaurants Italiens. Im *San Domenico* speisen zumeist die Schönen und Reichen. Dieser Teil des Landes bietet viele gastronomische Höhepunkte, und mein Lieblingsort ist das *Ristorante Naldi*, das nahe unserem Hotel Olympia liegt. Von dort aus kann man zudem die Strecke zu Fuß erreichen, was am Renntag ein unschätzbarer Vorteil ist. Seit dem Tod von Ayrton Senna hat sich die Strecke stark verändert, hat aber immer noch ihre Reize mit Acqua Minerale, Variante Alta und der Kurve Rivazza, die bergab mit hoher Geschwindigkeit erreicht wird. Tamburello, wo sich immer viel abspielt, ist kaum wieder zu erkennen, was auch für den Villeneuve-Sektor gilt. Tosa, Piratella und Variante Alba machen noch immer viel Spaß und das Gefälle zu Acqua Minerale samt der darauf folgenden Steigung stellen nach wie vor eine Herausforderung dar.

Viele Jahre lang ist Dr. Domenico Salcito hier der verantwortliche Arzt gewesen, der ein starkes Team mit Dr. Giovanni Gordini, einem erfahrenen ITU-Experten aus dem Maggiore Hospital, leitete. Zur Mannschaft gehören erfahrene Chirurgen und Anästhesisten wie Tony Fabrizzio, ein italienisch-amerikanischer Neurochirurg, der meinen alten Freund Franco Servadei abgelöst hat. Das medizinische Zentrum bietet hervorragende Arbeitsmöglichkeiten, liegt nahe genug an der Strecke, aber weit genug von den Tifosi entfernt, die hier aber nicht so unbeherrscht wie in Monza sind.

An Imola habe ich glückliche wie auch traurige Erinnerungen. In den ersten Jahren wohnte ich auf Anregung von Michael Tee bei *Rosa's* in Fontanelica. Zu den Stammgästen gehörten damals Denis Jenkinson, Nigel Roebuck, Maurice Hamilton, Alan Henry und Tony Jardine. Mit einer derartigen Bande muss man einfach viel Spaß haben. Tony Jardine verstand es meisterhaft, Jackie Stewart, Bernie Ecclestone und andere nachzumachen. Ein ernsthaftes Problem bestand allerdings darin einzuschlafen. Wenn Jenkinson erst einmal begonnen hatte zu schnarchen, hatte niemand mehr eine Chance. Das Essen im *Rosa's* war wie fast überall in der Umgebung von Bologna hervorragend, so dass wir zusammen mit Strömen von Wein dort eine tolle Zeit verbrachten. Die Wahrscheinlichkeit, innerhalb dieser vier Tage eine Menge an Gewicht zuzulegen, ist sehr groß.

Wie gewöhnlich war im Millenniumsjahr Jean-Jacques Isserman im Ärzteteam, Alex Ribeiro saß hinter dem Lenkrad, während Giovanni Gordini und sein Schützling uns als Anästhesisten unterstützten. Wie gewöhnlich zeigte sich auch das Wetter in Imola von seiner schönen Seite. Trotz des frühen Datums im April strahlte die Sonne das ganze Wochenende über. Am Freitag wurde der Presse HANS offiziell vorgestellt. HANS – Head and Neck Support – ist eine von Max Mosley und Prof. Jürgen Hubbert voran getriebene, kragenartige Vorrichtung, die Rücken und Kopf der Piloten bei einem Frontalaufprall schützen soll. Prof. Bob Hubbard von der Michigan State University hatte sie ursprünglich für den Einsatz bei Rennboot-Piloten entwickelt, die, wenn sie aus ihrem Boot geschleudert wurden, starken Belastungen ausgesetzt waren. Als wir HANS 1995 zum ersten Mal sahen, war es äußerst sperrig. Es bestand aus einen Joch mit einem halbrunden Kragen und einer vertikalen Konstruktion, die sich am Kragen hinter dem Kopf befand und mittels Bändern mit dem Helm verbunden war. Das Joch über den Schultern wurde von den Gurten des Fahrers in Position gehalten. Die Idee bestand darin, dass die Schultergurte bei einem Unfall das Joch in Position hielten und dadurch die Fliehkräfte reduzierten. Allerdings war es notwendig zu zeigen, dass die durch die Verzögerung einwirkenden Kräfte den Piloten nicht verletzen konnten. Die Expertengruppe war bereits mit Confor zufrieden, mit dem die Folgen eines Heckaufpralls minimiert wurden, doch HANS sollte bei Frontalzusammenstößen helfen.

Wie allgemein bekannt ist, lässt sich die Airbag-Technik in der Formel 1 vorerst nicht einsetzen, weil es derzeit noch unmöglich ist, das unvorhersehbare Auslösen der Prallsäcke auszuschließen. Dafür haben wir aber bereits geteilte Lenksäulen, die bei einer frontalen Kollision helfen.

Gerhard Berger testete 1995 und 1996 das ursprüngliche HANS bei privaten Testfahrten, fand es aber zu sperrig, um es beim Training oder Rennen einzusetzen. Weitere Tests in jenen Jahren ergaben, dass die Einrichtung funktionierte, aber modifiziert und weiter entwickelt werden musste. Peter Hodgman von McLaren arbeitete zusammen mit der FIA daran. Glücklicherweise bot man uns die Forschungseinrichtungen von Mercedes-Benz an, wo der hoch kompetente Bioingenieur Hubert Gramling die Tests, Forschung und Designentwicklungen durchführte. HANS wurde dadurch wesentlich kleiner, leichter und daher praktischer. In Imola stellten Max Mosley und Jürgen Hubbert die neueste Entwicklung der Presse vor. Mike Doodson fragte, warum der normale Autofahrer HANS nicht nutzen könne. Ich erklärte ihm, dass man dafür Löcher in den Kopf der Chauffeure bohren müsse, weil normale Pkw-Chauffeure im Allgemeinen keine Helme trügen...

Jede Trainingssitzung war ein Dreikampf zwischen Mika Häkkinen, Michael Schumacher und David Coulthard. Im Qualifying wiederholte sich das Duell zwischen Mika Häkkinen und Michael Schumacher, der schließlich den zweiten Startplatz erreichte. Dahinter standen Coulthard und Barrichello vor Ralf Schumacher im BMW-Williams.

In Imola stehen wir an einer günstigen Stelle auf der linken Seite der Strecke, wo die Piste eine Links-Rechts-Kurve beschreibt, um von dort auf die Gerade vor den Boxen zu führen. Von hier aus können wir den Boxeneingang beobachten und die gesamte Gerade, an deren Ende uns die Wagen sehr nahe kommen. Es gibt hier immer Action, wenn Piloten die Ideallinie verlassen oder die Räder beim Bremsen blockieren. Es ist eine der besten Warteplätze der gesamten Saison. Wir verweilen hier bis zum Ende der Aufwärmrunde, um uns dann hinter dem Feld zu platzieren.

Die Wagen starteten ohne Probleme, obwohl ich später bemerkte, dass Schumacher schlecht weg gekommen war und daher Coulthard ziemlich unvermittelt schnitt, so dass sich Barrichello vor dem Schotten einreihen konnte. Häkkinen führte bis zum zweiten Boxenstopp, doch dann funktionierte die Ferrari-Strategie, was Schumacher in Führung brachte, die er nicht mehr abgab. Schumacher hatte nun drei Rennen hintereinander gewonnen. Häkkinen wurde Zweiter vor Coulthard, der vor Barrichello aus der Boxengasse gekommen war. Nun hatten die McLaren wenigstens zehn Punkte für die Konstrukteurswertung, doch Schumacher hatte inzwischen 30 Punkte.

Barrichello hatte während des Rennens mit einem defekten Beckengurt zu kämpfen, der ihn stark behinderte, doch wenn man Graham Hills Theorie glaubt, hatte er nun eine Nacht vor sich, die wesentlich besser sein würde als sein Tag. Graham behauptete immer, dass der Beckengurt einen ganz besonderen Einfluss auf die Libido hätte...

Der Grand Prix von England

Dies war eines der feuchtesten, windigsten und schlimmsten Wochenenden, an die ich mich erinnern kann, und ich hoffe, dass ich niemals etwas Ähnliches erleben werde.

Natürlich hatten die Probleme ihre Ursache im Datum der Veranstaltung. Das Rennen in Silverstone war von Mitte Juli auf das Osterwochenende Anfang April verlegt worden. Das Rennen fand am Ostersonntag statt. Alle machten sich Sorgen um das Wetter, und unser traditioneller Grand Prix Drivers' Golf Day am Montag nach dem Rennen versank buchstäblich in den Wassermassen. Dieser Tag macht viel Spaß und wird seit einigen Jahren veranstaltet, um Geld für die *British Brain and Spine Foundation* zu sammeln. Glücklicherweise konnten wir ihn nach dem Grand Prix von Österreich veranstalten.

Der Freitag war, wie allgemein erwartet, furchtbar. Die Strecke war umtost von starken Winden und ebensolchen Regenfällen, so dass man sich irgendwo versteckte. Gegen Ende des Morgens nach dem ersten und vor dem zweiten Training tauchte Bernie Ecclestone auf. Ich traf ihn, als er gerade Karl-Heinz Zimmermanns Wohnmobil verließ. „Sid, was ist hier los?" fragte er mich in seiner scherzhaften Art.

„Nicht viel, es ist ein Nicht-Ereignis", antwortete ich.

„Was meinst du?"

„Nun, bei dem Wetter und den Bedingungen auf der Strecke versteckt sich jeder."

„Das ist alles dein Fehler."

„Und warum wirfst du mir das vor?"

Die Antwort war typisch für Bernie: „Du bist für alles verantwortlich, und daher ist es dein Fehler, wenn hier alles so unordentlich ist."

Es war unter diesen Umständen wenig hilfreich, dass es in Silverstone schon mal am Ostersonntag während eines Formel-1-Rennens um die Daily Express Trophy geschneit hatte.

Ein anderes Mal hatte es so stark geregnet, dass in Stowe 20 Rennwagen von der Strecke geflogen waren. Emerson Fittipaldi gewann dieses Rennen, weil er zu diesem Zeitpunkt zum Reifenwechsel in der Box war. Er musste nur noch eine Runde drehen, bevor das Rennen wegen schlechten Wetters abgebrochen wurde.

Der Samstag brachte keine große Veränderung, nur wurden die Bedingungen auf den Parkplätzen wegen des unablässig fallenden Regens immer schlimmer. Wir befürchteten, dass es Sonntag so weiter gehen würde, doch als ich wach wurde, gab es leichte Anzeichen von Sonnenschein, so dass Jean-Jacques Isserman und ich voller Hoffnung zur Strecke fuhren. Als wir dort eintrafen, musste ich zu meinem Schrecken erkennen, dass sich dichter Dunst über Silverstone gelegt hatte. Es war klar, dass wir ein Problem mit dem Warm-up haben würden, weil die Rettungshubschrauber nicht einsetzbar waren.

Wie immer hatte Dr. David Cranston, der verantwortliche Arzt in Silverstone, dafür gesorgt, dass die Hubschrauber das gesamte Wochenende über an der Strecke blieben, doch der Nebel hatte auch Northampton, das John Radcliffe in Oxford und das Stoke Mandeville in der Nähe von Princes Risborough förmlich unter sich begraben. In keinem dieser Krankenhäuser konnten die Helikopter landen. Im Allgemeinen flogen wir ins Northampton General Hospital bei allgemeinen Verletzungen, ins John Radcliffe bei Kopf-, Rücken- oder Brustverletzungen und ins Stoke Mandeville bei Rücken- oder Brandverletzungen. Es war klar, dass wir nicht mit dem Warm-up beginnen konnten, wenn diese Krankenhäuser unerreichbar waren.

Gegen neun Uhr sah es so aus, als ob sich die Verhältnisse verbesserten. Ich konnte immerhin schon Copse Corner sehen, die erste Kurve hinter dem Boxenausgang. Im Laufe der nächsten Minuten verbesserten sich die Bedingungen recht zügig. Doch gegen 9 Uhr 20 konnten die Krankenhäuser noch immer nicht aus der Luft erreicht werden, so dass die Teammanager von Renndirektor Charlie Whiting und Herbie Blash informiert wurden, dass sich das Warm-up verschieben würde. Um zehn Uhr herrschte auf der Strecke klare Sicht, doch die Krankenhäuser lagen noch immer im Nebel.

In der Zwischenzeit trafen Charlie Whiting, Herbie Blash und ich mit den Teammanagern zusammen und erklärten ihnen unsere Transportprobleme. Sie erklärten, dass sie darauf vorbereitet seien, das Warm-up später zu fahren und dass sie ohnehin nicht die ganzen 30 Minuten benötigten. Das überraschte mich, doch einige Teamchefs meinten, dass sie mit ein paar Runden schon zufrieden seien. Wir trennten uns und warteten auf eine Verbesserung der Bedingungen. Gegen 9 Uhr 45 erfuhren wir, dass wir beim Northampton General Hospital landen konnten – doch eine komplizierte Verletzung konnte dort nicht behandelt werden.

Nun stand ich unter dem Druck von Charlie Whiting und Herbie Blash, den Start frei zu geben, doch ich erklärte ihnen, dass wir gegenüber den Piloten eine Verpflichtung hätten und bei den augenblicklichen Bedingungen keinen Start riskieren könnten. Glücklicherweise erfuhren wir ungefähr fünf Minuten später, dass Stoke Mandeville und John Radcliffe ebenfalls erreichbar waren und wir daher das Warm-up starten konnten.

Natürlich hatten auch andere Menschen große Probleme, die Strecke zu erreichen. Die Parkplätze waren überschwemmt. Auch so wichtige Zeitgenossen wie Ron Dennis und Norbert Haug konnten von ihrem Hotel Le Manoir aux Quat'Saisons in Oxford nicht per Hubschrauber einschweben, mussten den Wagen nehmen und landeten in den Staus, die sich zur Strecke quälten. Die Nachricht, dass Ron Dennis im Stau fest hing, erregte allerdings allgemeine Heiterkeit. Selbst Bernie Ecclestone schaffte es nicht, pünktlich zu erscheinen. Als er gegen halb zwölf eintraf, trank ich gerade zusammen mit Karl-Heinz Zimmermann eine Tasse Kaffee. „Warum, um Himmelswillen, hast du das Warm-up verzögert?“ fragte er.

„Nun, das musst du verstehen. Ich musste auf einige wichtige Leute warten, die nicht per Hubschrauber kommen konnten. Ron Dennis und Norbert Haug steckten im Stau, und daher wartete ich, bis sie eintrafen.“

Bernie sah mich leicht verwirrt an: „Und wieso machst du so was überhaupt?“

„Wegen des Geldes – wie üblich!“ antwortete ich, ohne eine Miene zu verziehen.

Das Qualifying am Samstag spiegelte die klassische Hackordnung einigermaßen wieder. Ein Ferrari stand auf der Pole Position. Allerdings war es Rubens Barrichello vor Frentzen, der sich vor Häkkinen und Coulthard qualifizieren konnte. Michael Schumacher stand auf dem fünften Platz. Button war schneller als Ralf Schumacher und ging vom sechsten Rang aus ins Rennen.

Warm-up und Rennen fanden erstaunlicherweise bei guten äußeren Bedingungen statt. Nach dem Start blieben die ersten vier Positionen unverändert. Michael Schumacher jedoch hatte einen schlechten Start und fiel auf den achten Platz zurück, während sich Button auf den fünften Platz verbesserte, den er bis zum Finale halten sollte. Barrichello führte vor Frentzen, doch beide wurden von Coulthard kurz vor dessen Boxenstopp überholt. Barrichello übernahm wieder für kurze Zeit die Führung, drehte sich aber und kam so um seinen möglichen ersten Grand-Prix-Sieg. Coulthard siegte vor Häkkinen und Schumacher, der sich auf den dritten Platz vorgearbeitet hatte. McLaren hatte sich 16 wichtige Punkte für die Konstrukteurswertung, die beiden Piloten wichtige Zähler für die Weltmeisterschaft gesichert. Coulthard hatte nun 14, Häkkinen zwölf Punkte. Schumacher aber führte bereits mit 34 Punkten.

Nach dem Rennen in Silverstone hetze ich zumeist in meinem Overall zu meinem Wagen, um die einzige Brücke über die Strecke zu erreichen, bevor der Verkehr zusammenbricht. Dieses Mal aber gab es kein Davonkommen – alles war hoffnungslos verstopft. Bevor sich irgend etwas bewegte, hockten wir drei Stunden im Auto und brauchten danach noch einmal eine Stunde, um die Brücke zu erreichen. Dort sah ich zu meinem Entsetzen, dass dem Verkehr nur eine Spur offen stand. Den Hauptausgang erreichten wir erst nach weiteren zweieinhalb Stunden.

Dort wiederum entdeckten wir, dass der Verkehr nach rechts abgeleitet wurde. Wir folgten den Anweisungen der Polizisten, um später von der Polizei wieder in Richtung Westen dirigiert zu werden. Unser Hotel befand sich auf der anderen Seite, gerade eine Meile entfernt. So machten wir einen gigantischen Umweg über die Landstraßen um Silverstone, um endlich eine Straße zu unserem Hotel zu finden.

Die Situation war unbeschreiblich mies. Alle Autos steckten unter einer Schlammschicht und der Rasen auf den Parkplätzen war vollständig verschwunden. Alle waren verärgert und frustriert, doch zum Glück erreichten wir dann nach viereinhalb Stunden unser Hotel.

Grand Prix von Spanien

Als ich am Donnerstagnachmittag auf der Strecke eintraf, gab es viele Spekulationen darüber, ob David Coulthard in der Lage sein würde, am Wochenende zu fahren. Einige Tage zuvor hatte er einen Flugzeugabsturz knapp überlebt. Innerhalb weniger Stunden war ich darüber von Max Mosleys Pressesprecher Pat Tozer informiert worden. Ich rief Ron Dennis an, um heraus zu finden, was genau geschehen war. Er berichtet, dass die Düsen des Jets versagt hätten und er beim Anflug auf Lyon abgestürzt sei. Die vordere Hälfte des Flugzeugs war zerstört worden, wobei die beiden Piloten ums Leben gekommen waren. Coulthard, seine Freundin, der Physiotherapeut und Davids Hund konnten das Wrack wie durch ein Wunder unverletzt verlassen.

Zusammen mit dem verantwortlichen Arzt Professor Nalda und Jean-Jacques Isserman untersuchte ich den Schotten am Donnerstagnachmittag vor dem ersten Training am Freitag. Die Untersuchung fand im McLaren-Motorhome statt, so dass er nicht durch das Fahrerlager zum medizinischen Zentrum laufen musste. Wir trafen ihn überraschend gut gelaunt an. Unsere Untersuchung ergab außer einigen kleineren Problemen entlang der Rippen keinen Grund, ihn nicht starten zu lassen.

Am nächsten Tag absolvierte er mit Hilfe einiger Schmerzmittel das Training erfolgreich und am Samstag qualifizierte er sich für den vierten Startplatz neben Barrichello, während Michael Schumacher vor Häkkinen die Pole Position herausgefahren hatte.

Das Drama des Wochenendes war allerdings eine Massenkollision bei der Formel 3000. Ein Bolide hatte sich ins Kiesbett gedreht, kehrte dann auf die Strecke zurück, wo er mit zwei weiteren Wagen kollidierte, von denen einer von Nicolas Minassian gefahren wurde. Im anderen saß Mario Haberfeld.

Dessen Wagen wurde durch den Aufprall stark zerstört. Er schaffte es nicht, seinen Boliden aus eigener Kraft zu verlassen, so dass wir auf die Strecke schossen. Allerdings mussten wir die ganze Strecke abfahren, weil sich der Unfall am Anfang der Geraden vor den Boxen ereignet hatte. Als wir eintrafen, hatten die beiden anderen Piloten ihre Cockpits bereits geräumt, doch Haberfeld steckte immer noch in seinem Wagen. Seine Knie waren durch den Aufprall nach oben geschleudert worden und klemmten nun fest, was ihm große Schmerzen bereitete. Er konnte sie nicht strecken, um sich zu befreien.

Das Chassis des Wagens war zerstört, so dass wir Schwierigkeiten hatten, seine Beine zu untersuchen. Ohne Handschuhe schaffte ich es, meine Hand unter seine Waden zu schieben, um Gray Hartsteins Hände zu greifen und so eine Art Trage zu improvisieren. Es hatte den Anschein, als hätte er seinen rechten Unterschenkel und sein linkes Bein unterhalb seiner Knie gebrochen. Wir schafften es irgendwie, seine Beine zusammen zu binden, doch er hatte so starke Schmerzen, dass wir ihm zunächst Schmerz- und Beruhigungsmittel über eine Infusion geben mussten. Er war während der ganzen Zeit bei Bewusstsein und flehte mich ständig an: „Dr. Sid, hol' mich hier raus." Ich erklärte ihm, dass wir dies vorhätten, ohne ihm viel Ungemach zu bereiten oder seinen Beinen zu schaden. Nach und nach bekamen wir seine Schmerzen unter Kontrolle, doch das kostete viel Zeit und zudem waren wir von unfähigen Streckenposten umgeben. Obwohl unser Anästhesist Professor Nalda Spanisch sprach und sie um Hilfe bat, waren sie auf eine beachtliche Art und Weise zurückhaltend. Sie brachten zwar Bergungsausrüstung, doch damit konnte man das Kohlefaser-Cockpit nicht zerschneiden, sondern höchstens zerbrechen.

Wir entschieden nun, dass Haberfeld nur vom darauf spezialisierten Bergungsteam aus dem Wrack zu befreien war. Das

Team sicherte Marios Torso, so dass wir ihn ganz vorsichtig aus den Überresten seines Boliden ziehen konnten. Nachdem er neben dem Wrack auf einer aufblasbaren Matratze lag, konnte ich zu meiner Überraschung und Freude feststellen, dass er offensichtlich keine Brüche erlitten hatte. Er hatte eine große Wunde in seinem linken Oberschenkel, war aber nicht so schwer verletzt, wie ich zunächst angenommen hatte. Gary begleitete ihn zum medizinischen Zentrum und ich fuhr den Arztwagen wieder zum Kontrollturm zurück.

Die weiteren Untersuchungen ergaben, dass Haberfeld tatsächlich ohne größere Blessuren davon gekommen war. Dennoch schickte ihn Professor Nalda ins Krankenhaus. Dort machte allerdings eine Gewebeverletzung eine Operation notwendig, um den Druck auf die Muskulatur zu verringern.

Der Unfall war für uns gleich in mehrfacher Hinsicht lehrreich: Hätte Haberfelds Bolide über einen der herausnehmbaren Sitze verfügt, die wir für die Formel 1 entwickelt hatten, wäre die Bergung deutlich erleichtert worden. Er hätte dann wesentlich schneller aus dem Cockpit befreit werden können. Außerdem hatten wir gelernt, dass die großen Zangen des Bergungsteams nutzlos waren, wenn sie durch Kohlefaser schneiden mussten. Beim nächsten Treffen unserer Forschungsgruppe entschieden wir, dass die FIA Normen für diese Ausrüstungen festlegen sollte. Charlie Whiting bat Joe Bauer, unseren FIA-Ingenieur, nach tragbaren Bergungsgeräten zu suchen, die auch im Arztwagen oder anderen Fahrzeugen transportiert werden konnten, um dieses Problem nicht noch einmal zu erleben.

Außerdem gab es viel Kritik an der mangelhaften Hilfe durch die spanischen Streckenposten. Rubens Barrichello, ein guter Freund von Haberfeld, war verärgert, dass es so lange gedauert hatte, bis der Junge geborgen war.

Im Rennen war Mika Häkkinen unbesiegbar. David Coulthard erreichte einen guten zweiten Platz vor Rubens Barrichello und Ralf Schumacher. Michael Schumacher erreichte einen – für seine Verhältnisse – enttäuschenden fünften Rang, der ihm zwei Punkte einbrachte.

Nach dem spannenden Rennen war klar, dass sich der Kampf um die Weltmeisterschaft zwischen Schumacher mit 36 Punkten, Häkkinen (22), Coulthard (20) und Barrichello (13) entscheiden würde. In der Konstrukteurswertung hatte Ferrari nun 49 Punkte gegenüber 42 Zählern von McLaren.

Der Sonntag hatte sich insgesamt von einer angenehmen Seite gezeigt. Coulthard hatte angesichts seiner Schmerzen einen beachtlichen Podiumsplatz erreicht, doch am Ende des Rennens brauchte er einige Zeit, um sich aus seinem Cockpit zu schälen, weil die Vibrationen seines Boliden und die Sicherheitsgurte seine Schmerzen vergrößert hatten. Ich verabredete mit ihm eine Untersuchung in London, wo wir ihn noch mal komplett durchchecken wollten, um sicher zu gehen, dass keine andere Verletzung vorlag.

Am Dienstag nach dem Rennen tauchte er im Princess Grace Hospital auf, wo ich praktiziere. Wir scannten seine Wirbelsäule, und ich bestätigte ihm, dass sie unversehrt war. Die Ursache seiner Schmerzen waren vielmehr drei gebrochene Rippen. Es dauerte einige Zeit, bis der dadurch verursachte Schmerz nachließ – sechs Wochen ungefähr, wie ich später am eigenen Leib feststellen sollte. Vier Wochen später hatte ich nämlich selbst einen Unfall in Monaco, so dass ich mich mit Coulthard über den Zustand unserer Rippen bestens austauschen konnte.

Grand Prix von Europa

In meiner Erinnerung ist der ursprüngliche Nürburgring die erschreckendste Rennstrecke aller Zeiten. Wie Spa ist die in Hügeln eingebettete Piste ein Spielball des Wetters. Ich erlebte dort nur ein Rennen – 1962, als es das ganze Wochenende regnete und Graham Hill den Grand Prix vor John Surtees, Dan Gurney, Jim Clark, Bruce McLaren und Ricardo Rodriguez gewann. Was für eine Ansammlung an Talent. Damals lagen die Rundenzeiten für die 22,8 Kilometer lange Strecke bei acht bis neun Minuten. In jenem Rennen überholte Clark bei Regen 17 Konkurrenten in einer Runde. 1968 sah ich das Rennen im Fernsehen und erlebte, wie Jackie Stewart mit atemberaubender Geschwindigkeit ins Karussell schoss und schließlich mit einem Vorsprung von vier Minuten vor Graham Hill gewann. Auch dieses Rennen fand unter unsäglichen Bedingungen bei Regen und Nebel statt. Man benötigte schon viel Mumm, um dort zu fahren. Bei gutem Wetter ist die Landschaft herrlich und die alte Strecke windet sich malerisch durch den Wald. Wenn das Wetter schlecht ist, verschwindet sie einfach. Ich bin dort einmal mit einem Straßenwagen gefahren. Die Kurven waren Furcht erregend, kaum einsehbar und seinerzeit nur wenig gesichert.

Trotzdem gelang Niki Lauda 1975 eine Runde in weniger als sieben Minuten, um die Pole Position einzunehmen – als einziger Pilot. Später erzählte er, dass er die letzte Kurve voll genommen hatte und sich dabei „in einem besonderen Geisteszustand" befand. Nach seinem schweren Unfall ein Jahr später wurde hier erst wieder 1985 ein Grand Prix veranstaltet. Allerdings fuhren die Piloten nun auf dem neuen Kurs, der Hockenheim vorgezogen wurde. Seit 1997 wird hier nun der Grand Prix von Luxemburg beziehungsweise Europa meistens im September ausgetragen. Im Jahr 2000 wurde der

Termin freilich in den Mai verlegt, und man hoffte angesichts des Datums auf gutes Wetter.

Die Einrichtungen rund um den neuen Nürburgring befinden sich in einem guten Zustand und das Hotel liegt nahe genug an der Strecke, so dass man unter der Strecke ins Fahrerlager laufen kann. Der verantwortliche Arzt ist der Chirurg Dr. Klaus Zerbian, der viele Jahre lang für die ONS in der Porsche-Rettungsstaffel gearbeitet hat. Wir haben bereits in Hockenheim bestens kooperiert, so dass ich großes Vertrauen in ihn habe. Die ONS-Rettungsstaffeln sind am Nürburgring wie auch am Hockenheimring immer präsent. Zumeist sind drei Hubschrauber im Einsatz, die das Krankenhaus in Koblenz schnell erreichen können. Die Zufahrtsstraßen zum Nürburgring sind wegen des starken Verkehrs am Wochenende nicht immer leicht zu passieren, so dass man von Glück reden kann, wenn man vor Ort stationiert ist.

Das Wetter erfüllte zunächst unsere schlimmsten Befürchtungen, und am Samstag gingen schwere Regenfälle auf die Strecke nieder. Am Beginn des Qualifying war die Piste noch immer feucht. Im Allgemeinen versuchen die Teams dann so schnell wie möglich eine schnelle Runde zu erreichen, um bei schlechter werdenden Bedingungen wenigstens ein Ergebnis vorweisen zu können. Rubens Barrichello war daher auch früh unterwegs. Kurz darauf folgte Mika Häkkinen mit einer Zeit, die ihm die vorläufige Pole Position einbrachte, bis David Coulthard noch ein wenig schneller war. Doch diese Zeit wurde wiederum von Michael Schumacher um eine halbe Sekunde unterboten. Später holte sich Coulthard seine Pole zurück, so dass die Reihenfolge Coulthard, Schumacher, Häkkinen, Barrichello hieß, als es wieder stärker zu regnen begann und das Training unterbrochen wurde.

Glücklicherweise war die Piste am Sonntag, beim Start des Rennens, trocken, obwohl der bedeckte Himmel anderes vermuten ließ. Wir warteten am Boxeneingang neben dem

ONS-Mercedes, den Jürgen Ditzinger fuhr. Als uns die Formel-1-Boliden passierten, um ihre Startpositionen einzunehmen, bezogen wir ebenfalls unsere Stellung hinter dem Feld. Der Start war problemlos – nur Trulli geriet auf Abwege neben die Strecke. Wir nahmen nun unseren Platz hinter dem Boxenausgang ein, wo wir das medizinische Zentrum schnell erreichen konnten. Häkkinen gelang einer seiner meisterhaften Starts aus der zweiten Reihe und setzte sich vor Michael Schumacher an die Spitze. Nachdem der Regen wieder eingesetzt hatte, zeigte Schumacher sein Können und überholte Häkkinen am Ende der Veedol-Schikane. Der Regen wurde stärker, so dass Barrichello Coulthard überholte.

Die Bedingungen wurden immer schlechter, und auch Häkkinen konnte Coulthard passieren. Während der Boxenstopps zur Rennmitte übernahm Häkkinen die Führung, die er aber bald wieder während seines eigenen Stopps an Schumacher zurück geben musste. Danach hatte Schumacher das Rennen unter Kontrolle. Eine Runde zurück kam Coulthard auf den dritten Rang. Schumacher hatte nun 46 Punkte, was einen Vorsprung von 18 Zählern vor Häkkinen bedeutete. Coulthard hatte 24 Punkte. Barrichello war aus dem Titelrennen ausgeschieden. In der Konstrukteurswertung hatte Ferrari nun 62, McLaren 52 Punkte.

Grand Prix von Monaco

Ich glaube, das unterhaltsamste Ereignis während des Monaco-Wochenendes war der Unfall des Arztwagens während der Sicherheitsübung am Samstagmorgen. Normalerweise dreht der Arztwagen drei Runden hinter dem Safety Car bei Höchstgeschwindigkeit, ganz so, als müssten wir zu einem Unfall auf die Strecke. In der ersten Runde wird die Signalisierung des Safety Cars getestet und gleichzeitig sicher gestellt, dass die gelben Fahnen an der Strecke gezeigt werden. In der zweiten Runde wird das Safety Car an die Boxen gerufen und der Arztwagen bleibt auf der Strecke, als wäre er der führende Formel-1-Bolide; er nimmt dann auch die dritte Runde in Angriff, bei der wir überprüfen, ob die gelben Flaggen und die Zeichen für das Safety Car entfernt worden sind, an Start und Ziel die Ampel auf Grün steht und überall die grünen Fahnen gezeigt werden.

Im Jahr zuvor hatten wir einige Probleme mit dem serienmäßigen ESP, das den durchschnittlichen Fahrer in einer kritischen Situation auf dem Asphalt halten soll. Daneben hat der Wagen natürlich auch ABS-Bremsen. Bei den Piloten ist dieses ESP absolut nicht beliebt – sie hassen es sogar. Bei unserer ersten Fahrt in Melbourne konnte Frank Gardner es nicht abstellen. Als es in Aktion trat, stöhnte Frank: „Dieser Wagen ist für meine Oma entwickelt worden.“ Wir ließen also in der Folge das System entsprechend umbauen, so dass wir es nun vor schnellen Runden immer abschalten konnten. Doch bei einigen Gelegenheiten, z.B. beim Überfahren von bestimmtem Kerbs, schaltete es sich durch Vibrationseinwirkung von selbst wieder ein, was ziemlich unangenehm war.

In Monaco führt die Strecke nach dem Tunnelausgang zu einer Schikane am Hafen. Auf der Innenseite befindet sich ein langer Abweiser und der Notausgang. Als wir in der zweiten Runde durch die Schikane fuhren, kamen die rechten Räder

Oben: Brasilien 2000. Eddie Irvine begutachtet sein Wrack. Nach einem Unfall 1999 in Japan sah er auf seine Uhr und meinte: „Wo seid ihr Kerle nur geblieben?"

Rechts: Australien 2000. Michael Schumacher, „Mr. Cool", sagte zu Frank Gardner, als wir ihn nach einem Unfall eingesammelt hatten: „Drehen sie bitte die Klimaanlage herunter, sie schadet meiner Nase."

Oben: Österreich 2000. Das Medizinerteam bei Karl-Heinz Zimmermanns Party nach dem Rennen. Gary Hartstein und Jean-Jacques Isserman sind langjährige Freunde.

Unten: Nürburgring 1998. Herman „the German" – ein guter Fahrer, der mich regelmäßig mit Zigarren versorgte.

Oben: Monaco 2000. Verkehrsstau nach dem zweiten Start. Unser Arztwagen parkt vor der Absperrung.

Unten: Österreich 2000. Kollision zwischen Fisichella und Schumacher in der ersten Runde. Fisichella macht sich im Hintergrund aus dem Staub.

Oben: Österreich 2000. Das glückliche Trio, das dem Gemetzel am Anfang entkam. Häkkinen, Coulthard und Barrichello.

Unten: Indianapolis 2000. Eine beeindruckende Strecke mit ebensolchen Tribünen.

Oben: Johnny und Eddie. Ein einmaliges Team.

Rechts: Jenson Button. Ein starkes Talent.

Unten: Deutschland 2000. Wieder kommen sich Fisichella und Schumacher zu nahe.

Oben: Nürburgring 1999. Pedro Diniz im Sauber beginnt seinen Überschlag.

Unten: Der Wagen in der Luft – kurz vor der Landung.

Oben: Pedro Diniz überstand den Unfall unverletzt.

Unten: Karl-Heinz Zimmermann (Zweiter von links): ein wundervoller Gastgeber. Eddie Baker hält den Kuchen; daneben Charlie Whiting (Renndirektor).

Oben: Malaysia 2000. Unfall in der ersten Kurve, in den Diniz, de la Rosa und Heidfeld verwickelt sind.

Rechts: Der Grand Prix Drivers' Golf Day im österreichischen Murhof 2000 brachte wieder Geld für die *Brain and Spine Foundation.*

des Mercedes auf den Abweiser und aktivierten das ESP. Vor der Tabac-Kurve bremste Alex Ribeiro ziemlich hart, doch aus irgendeinem Grund funktionierte das ABS nicht, alle vier Räder blockierten und die rechte Seite des Mercedes prallte mit voller Wucht in die Leitplanken.

Als ich sah, dass sich der Crash nicht mehr vermeiden ließ, studierte ich interessiert, wie sich die Frontpartie des Wagens verformte. Ich konnte sehen, wie sich der Druck durch die Motorhaube bis zur Windschutzscheibe fortpflanzte. Alex war durch einen Vierpunktgurt gesichert und saß zudem in einem echten Rennsitz. Dr. Robert Scarlot, der verantwortliche Arzt, und der französische Anästhesist saßen hinten und blieben unverletzt. Ich wurde jedoch nach links vorne katapultiert, und weil ich nur einen gängigen Dreipunktgurt trug, drehte ich mich und gleichzeitig bemerkte ich einen Schmerz im unteren Teil meiner Brust. Es handelte sich um eine klassische Sicherheitsgurt-Verletzung. Wahrscheinlich hatte ich mir einige Rippen gebrochen und die Verbindungen zwischen Rippen und Knorpel verletzt.

Nach dem Aufprall ärgerte sich Alex vor allem über sich selbst, schlug ein paar Mal auf das Lenkrad und gab einige derbe Flüche von sich. Der Motor lief noch, so dass Alex es schaffte, den Wagen wieder auf die Strecke zu bringen, um die Boxen anzusteuern, obwohl die Aufhängung ebenso wie das Blech schwer deformiert waren. Zudem bahnten sich nun alle Flüssigkeiten ihren Weg in den Innenraum und bald saßen wir in einer unangenehmen Wolke von Klimaanlagen-Füllmittel.

Natürlich bekamen alle Beteiligten in der Boxengasse den Aufprall mit, und als wir mühsam unsere Position am Ende derselben suchten, gab es selbstverständlich viel Applaus von Mechanikern, anderen Teammitgliedern und Fahrern. Der Unfall hatte sich nur wenige Minuten vor dem ersten Training am Samstag ereignet, so dass wir schnell einen anderen Wagen finden mussten. Wir sicherten uns einen BMW, der gerade herum stand, beluden ihn mit unserer Ausrüstung und warteten auf die nächsten Ereignisse.

Ich hatte Schmerzen und legte mich daher in unserem Lagerraum zwischen den beiden Trainingssitzungen ein wenig zur Ruhe und nahm einige Schmerzmittel. Erwartungsgemäß mussten wir uns einiges an Spott gefallen lassen. Max Mosley nahm mich auf den Arm und viele Leute machten sich über Alex lustig.

Das Qualifying verlief ohne Probleme. Danach warteten wir auf das Formel-3000-Rennen. Während der schnellen Runden vor dem Start hatte ich große Schmerzen, so dass ich mich nach dem Rennen direkt in mein Hotelzimmer begab, wo ich einige Schmerzmittel zusammen mit schottischem Whisky zu mir nahm. Innes Ireland sprach immer vom „schottischen Wein". Whisky ist ja ein ziemlich gutes Schmerzmittel, doch wenn man genug genommen hat, um schmerzfrei zu sein, wird man gleichzeitig auch ziemlich sorglos...

Während ich auf den ehemaligen Formel-1-Piloten Guy Edwards wartete, genehmigte ich mir noch einige Gläser. Wir wollten zusammen essen gehen. Als er eintraf, berichtete ich ihm von meinem Unfall und begegnete wieder dieser Mischung aus Mitleid und Belustigung. Wir setzten uns in seinen Wagen, um seine Frau im Restaurant zu treffen, wo Keke Rosberg am Nachbartisch saß. Auch er hatte viel Spaß mit dem leidenden Professor. Ich erinnerte ihn daran, wie ich einmal seine Rippen vor einem Grand Prix in Österreich richten musste. Er hatte einen Trainingsunfall gehabt und ich musste ihm eine große Dosis von Xylocaine geben, damit er überhaupt starten konnte.

Wir mussten das Gleiche auch für Alexander Wurz ein Jahr zuvor in Spa und später in Monza tun. Er hatte sich beim Wassersport verletzt und litt in Spa unter derartigen Schmerzen, dass Gary Hartstein die Blessuren mit einem lokal wirkenden Anästhetikum behandeln musste. Zwei Wochen später, in Monza, hatte der arme Wurz noch immer das gleiche Problem, so dass Gary die Behandlung wiederholen musste.

Der Renntag in Monaco zeigte sich von seiner angenehmen und sommerlichen Seite. Wir gingen von unserer traditionellen Position an der Haarnadel aus ins Rennen. Plötzlich wurden überall rote Fahnen geschwenkt. Wir fuhren über die gesamte Piste, konnten den Grund für das Problem aber nicht finden. Wir stellten uns also für den zweiten Start auf und als wir den Casinoplatz erreicht hatten, waren die roten Fahnen wieder da. Dieses Mal war der Grund aber bald klar. Als wir Loews erreichten, befand sich dort eine regelrechte Schlange von Formel-1-Boliden. Ich weiß nicht, wer es ausgelöst hatte, aber sechs Wagen waren sich wohl zu nahe gekommen. Einige versperrten die Strecke, andere waren kollidiert. Die Streckenposten waren bereits damit beschäftigt, die Situation zu entwirren, doch wir kamen nicht weiter und mussten daher warten, bis die Strecke frei war. Der dritte Start verlief dann problemlos.

Michael Schumacher musste das Rennen wegen einer gebrochenen Aufhängung aufgeben, was David Coulthard den Sieg brachte. Mika Häkkinen sicherte sich als Sechster nur einen bescheidenen Punkt. Rubens Barrichello wenigstens hielt die Ferrari-Fahne mit seinem zweiten Platz hoch.

Schumacher blieb bei seinen 46 Punkten, doch Coulthard hatte den Vorsprung verringert und lag nun gerade zwölf Punkte hinter ihm. Häkkinen hatte 29 Zähler auf seinem Konto, Barrichello 22. In der Konstrukteurswertung hatte Ferrari 68, McLaren 63 Zähler, der Vorsprung verringerte sich.

Neustarts bringen stets Verzögerungen von mindestens einer Stunde mit sich, was im Sommer mit entsprechend milden Nächten eher unproblematisch ist, wenngleich man den

Heimflug verpasst. Herbie Blash hatte den selben Flug gebucht, so dass wir uns zusammentaten, um möglichst schnell zum Flughafen zu kommen. Wir rasten zum Hotel, zogen uns um, sprangen in ein Taxi und waren pünktlich in Nizza. Ich fand sogar noch Zeit, mein bevorzugtes Schmerzmittel zu mir zu nehmen – Red Label.

Über den Unfall des Arztwagens wurde viel berichtet, sogar die „Times" widmete ihm einige Zeilen. Eine der amüsanteren Schilderungen erschien in Jody Scheckters Kolumne in „Autosport" mit der Überschrift: „Macht nichts, Sid – du bist immer noch der Beste". Daneben das Bild des beschädigten Mercedes, der wohl ein Totalverlust war.

Grand Prix von Kanada

Jedes Mal, wenn ich die Strecke auf der Isle Notre Dame erreiche, denke ich an meine erste Reise nach Montreal 1949 als Medizinstudent. In jenem Sommer hatte ich geplant, während der Sommerferien etwas zusätzliches Geld zu verdienen. Ein Mitstudent, Ron Miller, hatte gute Beziehungen zur Reederei Canadian Pacific Steamship. Er hatte eine Reise auf der SS „Empress of France" als Hilfskraft absolviert und fragte mich, ob ich seinen Job übernehmen wolle. Ich war noch nie auf einem großen Schiff gewesen, so dass ich sofort zugriff. Der Riesendampfer fuhr von Liverpool über Quebec nach Montreal – und wie ich hoffte, auch wieder zurück.

Der Job war interessant. Ich musste die Daten des Maschinenraums protokollieren, Kraftstoffverbrauch, Kraftstoffreserve, zurück gelegte Meilen, Maschinenleistung usw. Die Aufzeichnungen musste ich dann jeden Mittag dem verantwortlichen Chief und danach der Brücke präsentieren. Ich hatte ein kleines Büro, eine riesige Schreibmaschine, auf der ich die Daten mit zwei Fingern tippte. Ich bewohnte auch eine kleine Kabine, die sich anscheinend direkt unter den Schraubenwellen befand. Immer wenn die Schrauben bei schwerer See aus dem Wasser kamen, liefen sie frei, was so starke Vibrationen verursachte, dass ich mich in meiner Koje festhalten musste.

Dennoch hatte ich viel Spaß. Ich freundete mich mit zwei Ingenieuren, Jack Matthews und Arthur Bibby, an, mit denen ich große Mengen Bier vernichtete, wenn sie keine Wache hatten. Tatsächlich hatten wir so viel Spaß, dass ich bei unserer Rückkehr in Liverpool mehr bezahlen musste, als ich verdient hatte und daher Geld leihen musste, um der Reederei nichts schuldig zu bleiben.

Als „Zugabe" befanden sich auf dem Weg nach Montreal die so genannten „Weston Girls" an Bord, junge Kanadierinnen, deren Bildungsreisen ins Ausland vom kanadischen Millionär Garfield Weston finanziert wurden. Der gute Mann hatte sein Geld mit Keksen gemacht. Als Teil der technischen Mannschaft war uns jeglicher Kontakt zu den Passagieren verboten. Nur den Deckoffizieren traute man genügend Erziehung zu, um gesellschaftliche Kontakte zu knüpfen. Dennoch kamen wir nahe genug, um jenen sanften Akzent der Mädchen aus British Columbia zu vernehmen, der mich im weiteren Leben noch verzaubern sollte.

Als wir in den alten Docks von Montreal anlegten, machten wir uns auf, eine mir unbekannte Welt zu erforschen. Nach zehn Jahren Krieg und Rationierung war es für mich geradezu die Erfüllung, eine lebendige Stadt zu erleben mit voll gestopften Geschäften, erleuchteten Straßen, den Gerüchen exotischer Parfüms, Nylonstrümpfen, den wohlriechenden Gauloises und Zigarren sowie Früchten. Nach England schmuggelte ich einen Schinken, eine Ananas, Zigaretten sowie Nylonstrümpfe für Mutter und Schwester. Bei der Erforschung des Nachtlebens landeten wir in einem Nightclub namens *Gumbo*, wo uns aber das Management, nachdem man festgestellt hatte, dass wir nur Sehkundschaft waren, ziemlich rüde vor die Tür setzte.

Als ich in den sechziger Jahren in New York arbeitete, besuchte ich aufs Neue Montreal, um das Lebensgefühl dieser Stadt zu genießen. Ich lernte die hervorragenden Krankenhäuser McGill University, das Montreal Neurological Institute, das Montreal General und Notre Dame Hospital sowie die damals dort arbeitenden Neurochirurgen Claude Bertrand, Jules Hardy und Gilles Bertrand kennen. In den Jahren zuvor hatte ich den Meister der Epilepsie-Chirurgie Wilder Pennfield getroffen. Mit diesem Hintergrund verwundert es kaum, dass ich mich in Montreal wohl fühle und die exzellente Arbeit der Ärzte schätze, die von Dr. Jacques Bouchard und Ronald Denis angeführt werden.

Nun stand also das achte Rennen der Saison auf dem Programm, was normalerweise die Saisonhalbzeit markiert. Doch in diesem Jahr gab es wegen des neu ins Programm aufgenommenen Grand Prix von Malaysia 17 Rennen. Der Kampf um die Fahrer- und Konstrukteurstitel tritt nun in seine kritische Phase, auch psychologische Faktoren spielen nun zunehmend eine Rolle.

Nach dem Qualifying lag das übliche Quartett an der Spitze – zwei Ferrari und zwei McLaren. Allerdings besetzte Michael Schumacher zum dritten Mal in diesem Jahr die Pole Position. Nach hartem Kampf musste sich David Coulthard mit dem zweiten Platz bescheiden, während Rubens Barrichello vor Mika Häkkinen stand.

Für uns verlief das Wochenende ruhig. Das einzige Problem stellte das Wetter dar. Im Warm-up am Sonntag waren die beiden Ferrari die Schnellsten vor den beiden McLaren. Pedro de la Rosa überraschte mit seinem sechsten Platz. Und dann drohte plötzlich Regen.

Vor dem Start warten wir immer vor der berüchtigten Mauer am Boxeneingang, mit der bereits Jacques Villeneuve, Michael Schumacher und viele andere unangenehm Bekanntschaft gemacht haben. Von unserer Warteposition aus erkennt man besonders gut, wie unglaublich schnell diese Formel-1-Boliden sind, sogar in der Aufwärmrunde.

Wir stellten uns auf, folgten dem Feld und hatten danach eine ruhige Runde. Wir konnten sehen, dass Schumacher vor Coulthard und dem überraschend starken Villeneuve führte. Unglücklicherweise hatte Coulthard kurz vor dem Start technische Probleme bekommen, so dass ihn seine Mechaniker zu spät ins Rennen schicken konnten, was ihm eine Zehn-Sekunden-Strafe einbrachte und ihn auf den zehnten Platz zurück warf.

Nachdem er sich den dritten Rang gesichert hatte, verteidigte Villeneuve diese Position so lange wie möglich. Bis zu den ersten Regentropfen hielt er Barrichello in Schach, doch dann konnte der Brasilianer am Kanadier vorbei ziehen. Michael Schumacher fuhr ein großartiges Rennen, das er mit Ausnahme einer kurzen Unterbrechung nach seinem ersten Boxenstopp bis zum Zielstrich anführte. Am Ende feierte Ferrari einen Doppelsieg. Häkkinen wurde Vierter, Coulthard landete außerhalb der Punkteränge.

Nun lag Schumacher mit 56 Punkten vor Häkkinen (32), Coulthard (34) und Barrichello (28). Schumacher war sein fünfter Saisonsieg gelungen, was ihm zusehends Sicherheit gab. In der Konstrukteurswertung lag Ferrari mit 84 Punkten vor McLaren mit 66 Zählern.

Grand Prix von Frankreich

Angeblich hat Jean-Marie Balestre einmal gesagt, Silverstone befinde sich am Ende eines Ziegenpfades. Es gibt Zeitgenossen, die diese Beschreibung eher für Magny-Cours reservieren würden. Die Strecke befindet sich in den Büschen und war vor einigen Jahren noch schwierig zu erreichen. In der Zwischenzeit hat sich die Infrastruktur allerdings deutlich verbessert. Die Einrichtungen an der Strecke sind hervorragend, mit einem großzügigen Fahrerlager, guten Parkplätzen, ausgezeichneten Boxenanlagen und VIP-Logen. Das medizinische Zentrum gehört zu den Besten der Welt und die Arztmannschaft unter der Leitung von Dr. Alain Chantegret ist gut organisiert und entsprechend ausgebildet.

Magny-Cours ist ein hübsches kleines Dorf, das in der Nähe von zwei großartigen Weinregionen – Sancerre und Pouilly Fumé – liegt. Die Landschaft ist schön, was man als Ausgleich für einen fehlenden vernünftigen Flugplatz in Kauf nehmen kann. Der nächst gelegene befindet sich in Clermont-Ferrand. In den vergangenen Jahren wohnte ich im Holiday Inn an der Rennstrecke, so dass ich zu Fuß an die Piste gelangen konnte. Das Hotel ist angenehm, aber bemerkenswert teuer – im vergangenen Jahr präsentierte man mir eine Rechnung über 67.000 Francs für vier Übernachtungen, die meine Tochter in Anspruch genommen hatte. Für dieses Geld – da liegt Alex Ribeiro richtig – kann man sich auch ein Auto kaufen.

In Magny-Cours gehört es zu den Gepflogenheiten, dass Jean-Jacques Isserman, Dr. Chantegret und ich in einem herausragenden Restaurant, dem *Renaissance*, dinieren. Hier speisen auch viele VIPs. Als ich die Rechnung bekam, wurde mir klar, dass man hier innerhalb einer Woche pleite gehen kann. Doch man gewöhnt sich daran, dass die Gastronomen die Geldgier überkommt, sobald der Grand Prix in ihrer Stadt

Station macht. In Großbritannien musste man schon mal für ein Dinner 100 Pfund pro Gast und 600 Pfund für die Übernachtung (bei einem Aufenthalt von mindestens fünf Nächten!) bezahlen.

Dennoch war ich lieber beim französischen Grand Prix, als er in den guten alten Zeiten noch in Le Castellet ausgetragen wurde. Dort war die Atmosphäre fröhlicher und die Küste mit ihren hübschen Dörfern näher. Es gab mal Gerüchte, dass der Grand Prix dorthin zurück kehren würde – doch Gerüchte sind in der Formel 1 so weit verbreitet, wie sonst nirgendwo.

In der Mitte Frankreichs ist das Wetter im Juni zumeist ausgezeichnet. Der Freitag war keine Ausnahme von dieser Regel. Doch dann bauten sich am Samstagnachmittag Unwetter auf, die sich glücklicherweise erst nach dem Qualifying entluden.

Das Qualifying war interessant, weil Michael Schumacher bereits sehr früh die schnellste Runde fuhr, was ihn auf die Pole Position brachte. David Coulthard hatte eine Chance, diese Zeit zu unterbieten, doch ein Dreher ließ ihn auf den zweiten Startplatz zurück fallen. Rubens Barrichello und Mika Häkkinen teilten sich die zweite Startreihe, gefolgt von Ralf Schumacher, Eddie Irvine und Jacques Villeneuve.

Das Wetter am Renntag war heiß und schwül. Im Warmup fuhren die beiden McLaren die besten Zeiten vor Schumacher, Jarno Trulli und Rubens Barrichello. Eddie Irvine schaffte die sechste Zeit, was die Hoffnungen der Jaguar-Fans steigen ließ.

Eine halbe Stunde vor Öffnung der Boxengasse fahren wir immer über die Strecke, um zu überprüfen, dass alle Krankenwagen, Einsatzfahrzeuge und das medizinische Personal an den richtigen Stellen postiert sind, die Hubschrauber einsatzbereit und die Einsatzkräfte auf dem Quivive sind. Es war heiß und stickig, als wir unsere Runde drehten. Dabei erinnerte ich mich an eine ähnliche Runde am gleichen Ort einige Jahre zuvor. Damals, gut 45 Minuten vor Beginn der Trainingssitzung, waren alle an ihrem Platz. Ich fuhr in die Boxengasse zurück und trank dort zufrieden einen Kaffee.

Zehn Minuten später, als ich zu meinem Wagen am Ende der Boxengasse zurückkehrte, war ich erstaunt, als ich dort alle französischen Ärzte, Krankenwagenfahrer und Pfleger vorfand. Es gab viel Geschimpfe, Fäuste wurden gereckt, und es war offenbar, dass das Training nicht stattfinden konnte, bis der Streit beigelegt war. Ich fragte nach dem Problem und erfuhr, dass die Veranstalter es versäumt hatten, Mittagessen und Mineralwasser an die Leute zu verteilen.

Dann tauchte Jean-Marie Balestre in einem Wagen auf und brüllte mich an: „Was ist das Problem?"

Ich zuckte mit den Schultern. „Es ist ein französisches Problem."

Jean-Jacques Isserman und Dr. Chantegret beseitigten die Schwierigkeiten und die Revolutionäre zogen sich auf die ihnen zugewiesenen Positionen zurück. Napoleon behauptete, dass die französische Armee nur mit vollem Magen marschierte, was, so glaube ich, auch für die Mediziner gilt...

In diesem Jahr gab es glücklicherweise keine solchen Verwerfungen und nach unserer Runde nahmen wir unsere übliche Warteposition vor der Boxengerade in der Nähe der letzten Schikane nach Château d'Eau ein. Dort kann uns niemand sehen und wir können unsererseits von dort aus nur die Letzten der Startaufstellung so gerade erkennen, so dass man uns immer darüber informieren muss, ob es noch Nachzügler gibt. Ich schätze es nämlich nicht besonders, mit einem Wagen eines aufgeregten Formel-1-Piloten zu kollidieren, der Angst hat, zu spät zum Start zu kommen. Herbie Blash und ich tauschen uns deshalb regelmäßig aus, wenn das Feld in die Aufwärmrunde geht und er teilt mir auch mit, wenn ein Bolide aus der Boxengasse startet. In diesem Fall darf unser Fahrzeug erst starten, wenn der letzte Rennwagen an ihm vorbei gefahren ist. Das ist dann zumeist genau der Moment, in dem wir das Ende der Boxengasse erreicht haben und auf die Ideallinie einschwenken, was besondere Vorsicht verlangt, um nicht aufgespießt zu werden.

Das war mir um ein Haar 1987 in Österreich passiert, als beim dritten Startversuch gleich sechs Boliden die Boxengasse verließen, während die ONS-Staffel dort eintraf. Herbert Linge, mein Chauffeur, musste ein gewagtes Ausweichmanöver fahren.

Dieses Mal teilte mir Herbie Blash mit, dass alle Wagen ordnungsgemäß gestartet waren und es keine Nachzügler gab. Die 22 Wagen kamen an uns vorbei und wir postierten uns am Ende des Feldes. Der Start verlief anscheinend problemlos, was David Coulthard freilich etwas anders beurteilte, weil Michael Schumacher vor ihm einen kecken Schwenk vollführt hatte. Glücklicherweise kam es nicht zu einer Kollision, so dass sich Schumacher vor Barrichello an die Spitze setzen konnte. Zwischen den Boxenstopps schloss Coulthard zu Schumacher auf und überholte ihn trotz Reifenkontakts im zweiten Versuch. Häkkinen kam ebenfalls an Schumacher vorbei und die beiden McLaren lagen an der Spitze. Nachdem Schumachers Motor seinen Geist ausgehaucht hatte, erbte Barrichello den dritten Rang.

Der Abstand zwischen den Titelaspiranten war nun noch einmal enger geworden. Coulthard hatte nun 44 Punkte, Schumacher war bei 56 Zählern stehen geblieben. Häkkinen lag bei 38, Barrichello bei 32 Punkten. McLarens Doppelsieg bedeutete, dass man im Kampf um den Konstrukteurstitel mit 82 Punkten nur noch sechs Zähler hinter Ferrari lag.

Grand Prix von Österreich

Nach zehn Jahren kehrten wir wieder auf den Österreichring nach Zeltweg zurück, der nun A1-Ring hieß. Beim letzten Grand Prix auf dem alten Kurs benötigten wir drei Starts, um das Rennen in Gang zu bekommen. Die beiden ersten Versuche endeten mit viel Schrott. Mittlerweile hat sich die Strecke deutlich verändert, wobei die schnellsten und Furcht erregendsten Stellen abgerissen wurden. Die Piste ist noch immer spektakulär schön, die Einrichtungen sehr gut, wozu auch ein hervorragendes medizinisches Zentrum samt entsprechendem Team gehört, das von Professor Wolf geleitet wird.

In diesem Jahr traf ich bereits am Dienstag vor dem Rennen in Graz ein, um Golf zu spielen – oder besser: um Unterhaltung für die anderen Spieler und Zuschauer zu bieten. Der Anlass war der traditionelle Grand Prix Drivers' Golf Day, der dieses Jahr beim Golf Club Murhof in Fronleiten nahe Graz veranstaltet wurde. Christof Ammann und Dr. Georg Reutter hatten dies möglich gemacht. Die beiden organisierten dort auch die österreichische Runde der Ladies European Open. Ich brauchte nur eine ausreichende Zahl von Grand-Prix-Piloten und -Personal zu überzeugen, am Mittwoch vor dem Grand Prix in diesem ausgezeichneten Golfhotel aufzutauchen.

Jedes Team wurde von einer der Proetten wie Trish Johnson oder Samantha Head angeführt. Das Turnier wurde nach den Texas Scramble-Regeln gespielt. Dieses System passt bestens zu mir, weil man dabei den Ball stets von der eigenen Position (bei mir zumeist im Wasser) an die Stelle legen darf, wo sich der best platzierte Mitspieler befindet. Tennisstar Thomas Muster und die Skiartisten Franz Klammer und Egon Zimmermann spielten ebenso wie David Coulthard, Pedro de la Rosa, Jacques Laffite, Paul Stewart, Ron Dennis und Mario Illien (der zum ersten Mal Golf spielte). Norbert Haug und Karl-Heinz Zimmermann fungierten als Zuschauer. Dank einer „glücklichen Manipulation“ spielte ich zusammen in Sam Heads Team mit Pedro de la Rosa und zwei anderen begnadeten Golfern, von denen einer österreichischer Meister gewesen war – kein Wunder, dass wir siegten. Mein Anteil war ein bemerkenswert gelungener Putt, der mich in den Besitz einer Kanne mit der Aufschrift „Winner of Ladies Open Championship, Murhof, Austria 2000“ brachte. Nachdem einige Freunde den Pokal in einem Regal meines Wohnzimmers entdeckt hatten, inspizierten sie diskret meinen Schrank, um festzustellen, ob ich ein Transvestit sei. Wir alle hatten eine großartige Zeit, und am Ende gab es einen sehr schönen Empfang, eine Auktion und natürlich ein Dinner. Das Ereignis brachte 40.000 britische Pfund für den Forschungsfonds, was meinen alten Freund, Jeffrey Rose, ehemaliger Präsident des *Royal Automobil Club* und Vorsitzender der *British Brain and Spine Foundation* ganz besonders erfreute.

Am nächsten Tag ging es weiter nach Zeltweg, wo wir uns auf das Training am Freitag vorbereiteten. Hier ist mein Wagen hinter der Absperrung zwischen Boxengasse und -gerade postiert. Wir können dort relativ wenig sehen, zudem ist dieser Teil der Strecke uninteressant. Die Trainingssitzungen verliefen ohne Probleme. Mika Häkkinen stand auf der Pole Position neben David Coulthard. Dahinter hatte Rubens Barrichello erstaunlicherweise Michael Schumacher auf den vierten Trainingsrang verwiesen.

Der Renntag zeigte sich von seiner guten Seite, doch als wir auf den Start warteten, erfuhren wir, dass Burti, der Eddie Irvine ersetzte, aus der Boxengasse starten musste. Das war jedoch nicht weiter von Bedeutung, weil es bereits in der ersten Kurve zu einer Kollision kam. Wir sahen den aufsteigenden Staub, als wir die Boxengerade herunter jagten. Bald trafen wir auf Zonta, der Michael Schumacher ins Abseits katapultiert hatte. Barrichello war im Kiesbett und Jarno Trulli sowie Giancarlo Fisichella hatten sich ebenfalls aus dem Rennen geschossen. Die beiden McLaren waren auf und davon. Barrichello gelang es unterdessen, wieder auf die Piste zurückzukehren. Schumachers Ferrari blockierte nun nach seinem Dreher die Strecke. Das Rennen war für ihn zu Ende. Irgendwie kamen der Rest des Feldes und wir an ihm vorbei.

Häkkinen und Coulthard fuhren zu einem überlegenen McLaren-Doppelsieg, was Schumachers Vorsprung deutlich verringerte. Der lag zwar noch mit 56 Punkten in Führung, doch Coulthard hatte nun schon auf 50 und Häkkinen auf 48 Zähler aufgeholt. Dahinter lag Barrichello mit 36 Punkten. In der Konstrukteurswertung schien McLaren zunächst mit 98 Punkten Ferrari (92) überholt zu haben, doch wegen einer technischen Unregelmäßigkeit wurden Häkkinens Punkte später gestrichen, so dass McLaren nur noch 88 Zähler hatte.

Grand Prix von Deutschland

Während des Rennens in Hockenheim wohnen wir im Holiday Inn in Walldorf, was offensichtlich allgemein bekannt ist, denn ständig warten Fans vor dem Eingang, um einen kurzen Blick auf ihre Helden werfen und um ein Autogramm bitten zu können. Es ist stets ein Kampf, hinein zu kommen und selbst am frühen Morgen stehen Hartnäckige vor der Tür. Das Hotel liegt am Rand von Walldorf, ein angenehmer Ort, nicht weit von der Strecke entfernt. Unsere Mannschaft versammelte sich am Donnerstagabend: Gary Hartstein, Alex Ribeiro und ich. Alex hatte den Nachmittag damit verbracht, den Arztwagen zu testen. Das Wetter war ausgezeichnet – zum letzten Mal an diesem Wochenende. Die Witterung sollte im weiteren Verlauf noch viel Aufregung verursachen.

Der verantwortliche Arzt am Hockenheimring ist Dr. Klaus Zerbian, der auch am Nürburgring die Fäden in Händen hält. Die Einsatzkräfte und die medizinische Mannschaft stellt wie üblich die ONS. Das gerade fertig gestellte medizinische Zentrum ist gut ausgerüstet und auch die umliegenden Krankenhäuser in Heidelberg, Ludwigshafen und Mannheim sind ausgezeichnet.

Beim Training am Freitagmorgen war es noch trocken und das übliche Quartett belegte die ersten Plätze. Die Sitzung am Nachmittag litt unter einem Unwetter, das den Tunnel am Ausgang überflutete, so dass die Feuerwehr ihn leer pumpen musste, damit man das Fahrerlager überhaupt verlassen konnte. Wir mussten noch bleiben, weil der FIA-Arztwagen auch beim Training und Rennen der Formel 3000 anwesend ist, doch die Strecke war in einem so schlechten Zustand, dass die beiden halbstündigen Trainingssitzungen in einer 45-minütigen zusammen gefasst wurden, die um viertel vor sieben stattfand.

Der Samstag zeigte sich auch von einer nassen Seite, doch das Training am Morgen verlief glatt, mit Ausnahme von

Michael Schumachers Unfall im Motodrom. Das geschah gegen Ende der Sitzung, doch als wir ihn mit dem Arztwagen abholten, war er guter Dinge.

Am Beginn des Qualifying war die Strecke noch feucht von den Schauern, die niedergegangen waren. Der Himmel sah weiter so bedrohlich aus, dass alle Wagen auf die Strecke schossen, um vor dem nächsten Guss noch eine gute Zeit zu erreichen. David Coulthard gelang eine Runde, die niemand mehr verbessern konnte. Und dann kam der erwartete Regen. Coulthard war anderthalb Sekunden schneller als Schumacher, der mit ihm die erste Reihe teilte.

Beim Start war die Piste trocken. ONS- und Arztwagen warten stets am Eingang zum Motodrom, wo man einen guten Blick auf die Boliden hat, wenn sie die Sachs-Kurve in Angriff nehmen. Der Start selbst verlief problemlos, doch irgend etwas war in der ersten Kurve passiert. Als wir dort eintrafen, sahen wir Schumacher im Kiesbett stehen und Fisichella im Reifenstapel. Beide Piloten waren offensichtlich unverletzt, so dass wir weiter dem Feld hinterher jagten. Der Auslöser des Unfalls war Coulthard, der Schumacher mit dessen Mitteln schlagen wollte und diesen vor Fisichella zwang, der versuchte, die Kurve auf der Außenseite zu nehmen.

Das war der Auftakt zu einem Rennen, das noch viele Überraschungen bereit hielt. Weil es vorerst keine besonderen Ereignisse mehr gab, platzierten wir uns an in der Nähe der Sachs-Kurve, wo ein großer Bildschirm steht.

Häkkinen hatte vor Coulthard die Führung übernommen, während der Schotte sich mit Schumacher auseinander setzte. Ihnen folgten Trulli und de la Rosa. Barrichello war innerhalb von zwei Runden vom 18. Platz auf den Achten nach vorne gefahren. Bei seinem Boxenstopp in der 15. Runde war er bereits Dritter. Und dann konnten wir nicht glauben, was wir auf dem Bildschirm sahen.

Ein Verrückter stand neben der langen Geraden und entschloss sich plötzlich über die Strecke zu laufen, um danach entlang der Strecke zu promenieren. Ich hörte, wie Herbie Blash über Funk das Safety Car auf die Strecke beorderte, während der Verstörte festgesetzt wurde. Ich saß gerade wieder, als Pedro Diniz in der Senna-Schikane Alesi abschoss. Wir sahen, wie Jean sich wild drehte, um dann heftig in die Absperrungen einzuschlagen.

Das Safety Car kam wieder auf die Strecke, während die Piste von den Überresten der beiden Boliden gesäubert wurde. Alesi machte einen unverletzten Eindruck, als er hinter den Leitplanken mit den Streckenposten plauderte. Zu diesem Zeitpunkt – nach den zweiten Boxenstopps – lautete die Reihenfolge Häkkinen, Trulli, Barrichello, de la Rosa, Frentzen, Coulthard.

Dann begann es im Motodrom kräftig zu regnen. Auf dem Rest der Strecke war der Niederschlag nicht so stark. Die meisten Fahrer versorgten sich mit Regenreifen, doch Barrichello, Frentzen und Coulthard blieben draußen, so dass sie die Führung übernahmen. Frentzen setzte Coulthard unter Druck, der dann doch auf Regenreifen wechselte. Frentzens Wagen fiel in der Zwischenzeit aus, so dass Barrichello die Führung vor Häkkinen und Coulthard übernahm. So blieb es bis zum Schluss, was bedeutete, dass Barrichello seinen ersten Grand Prix gewann. Alle freuten sich für den sympathischen Brasilianer, der nun endlich sein wahres Potenzial gezeigt hatte. Es war sein 124. Grand Prix – besser spät als nie.

Schumacher stagnierte bei 56 Punkten, während Coulthard und Häkkinen nun auf 54 Zähler kamen. Barrichello hatte 46 Punkte auf seinem Konto. Gerade zehn Punkte trennten die ersten Vier, und nun war auch Barrichello wieder ein ernst zu nehmender Wettbewerber. In der Konstrukteurswertung stand Ferrari bei 102, McLaren-Mercedes bei 98 Zählern. Es wurde in beiden Wertungen eng.

Grand Prix von Ungarn

Budapest ist eine der großartigsten Städte der Welt. Wenn man Richtung Süden blickt, bietet sich dem Betrachter ein begeisternder Ausblick entlang des Donauufers mit der Fischer-Basilika, der Kirche Sankt Martin und den Brücken, die sich über den Fluss spannen. Zum ersten Mal machte die Formel 1 hier im August 1986 Station, als Ungarn noch hinter dem Eisernen Vorhang lag. Die meisten von uns reisten von Wien aus an, was damals noch die besondere Erfahrung mit sich brachte, Grenzkontrollen zu passieren, die man eigentlich nur noch in Spielfilmen vermutete, samt den Befestigungsanlagen, die an ein Konzentrationslager erinnerten. Glücklicherweise hatten wir Papiere, die uns eine gewisse Priorität einräumten, so dass wir nicht die ganze Strenge der Grenzkontrollen erleben mussten.

Im Landesinnern waren die Straßen in einem ebenso bedauernswerten Zustand wie die klapprigen Vehikel, die uns begegneten. Die Landschaft auf dem Weg in die Hauptstadt war schön und von riesigen Sonnenblumenfeldern geprägt.

Einmal in Budapest, war ich begeistert von der Schönheit der Altstadt auf beiden Seiten der Donau, die so gar nicht zum trostlosen kommunistischen Hintergrund passen wollte. Die Margarethen-, die Kettenbrücke und die alten Hotels wie das *Gellert* auf der südlichen Seite in Buda rahmen den Fluss ein, der aber alles andere als Blau ist. Derek Ongaro von der FIA und ich wohnten am Nordufer in Pest im *Duna Intercontinental Hotel*, wo wir seitdem gebucht sind, auch wenn es inzwischen zu einem *Marriott* mutierte. Damals war es ein trostloser Platz mit einer dunklen Halle und Rezeption sowie einer tristen Bar. Das dunkle Holz in den Zimmern samt der Ausstattung unterstrichen noch die bedrückende Atmosphäre. Das ging so weit, dass ich mich auf die Suche nach Wanzen elektronischer Art machte. Die Telefone funktionierten ebenso wenig wie die Klimaanlage, niemand sprach Englisch und der Service war unvorstellbar langsam. Nur der wunderbare Sonnenschein und der Blick über den Fluss glichen das Ambiente irgendwie aus. Das Essen im Restaurant am Abend war jedoch gut und die ungarischen Musiker spielten auf, wobei sie ein Mischung von Lebensfreude und tiefer Melancholie boten.

Als wir am nächsten Tag auf dem Weg zur Strecke die Oper und den Platz der Helden mit seinen wunderschönen Statuen, dem Kunstmuseum und dem Badehaus überquerten, fühlte ich wieder den Glanz der Vergangenheit. An der Strecke traf ich Dr. George Nemes, einen orthopädischen Chirurgen, der am Unfallkrankenhaus in Birmingham ausgebildet worden war. Ich hatte dort Mike Hailwood nach seinem schweren Verkehrsunfall besucht, bei dem er so schwere Verletzungen erlitten hatte, dass er wenig später daran starb.

George Nemes war ein feiner Kumpel, der gut Englisch sprach. Zusammen mit ihm besuchten wir das örtliche Schmerz- und das Verbrennungszentrum, die als Krankenhäuser ausgesucht worden waren, wo mich George der Mannschaft vorstellte.

Im Verbrennungszentrum entdeckte ich einige Stahlhelme im Büro des Direktors, die ich noch aus dem Vietnamkrieg kannte. Ich fragte nach ihrem Ursprung, und man teilte mir mit, dass sie vom „Vietkong" stammten. Ungarn hatte medizinische Teams nach Nordvietnam geschickt, um den Vietkong im Kampf gegen die USA zu unterstützen.

Als wir Georges Wagen auf einer Straße vor dem Krankenhaus abstellten, bemerkte ich, dass er das Auto nicht abschloss. Bei unserer Rückkehr machte ich eine Bemerkung über sein offensichtliches Vertrauen in seine Mitmenschen. Mit einem Grinsen antwortete er: „Es gibt nicht viel Kriminalität, wenn das Salzbergwerk um die Ecke liegt." Natürlich hatte er Recht, denn überall standen sowjetische Offiziere in den Straßen. Bei unserem Dinner im Hauptquartier der Kommunistischen Partei war George ungewöhnlich still, so dass ich ihn nach dem Grund fragte. „KGB", flüsterte er und trat mit seinem Fuß unter dem Tisch gegen mein Bein. Das erklärte die irgendwie bedrohliche und zugleich melancholische Atmosphäre in der Stadt.

George hatte noch eine ganz besonders exzentrische Angewohnheit – er sammelte Andenken von Friedhöfen. In seinem Haus hatte er eine Sammlung von Vasen, Statuen, Grabsteinen und anderen interessanten Dingen, die er zusammen getragen hatte.

Mittlerweile gehört die Stadt zum Westen. Ihre Schönheit ist unverändert, doch macht sie jetzt einen fröhlichen Eindruck. Mit der Einführung des Kapitalismus sind die Preise in den Hotels und den Restaurants gestiegen und gleichzeitig hielten Kriminalität, Prostitution, Pornografie und lebensgefährliche Fahrweise ihren Einzug. Mercedes, Ferrari, Jaguar, Audi und Porsche parken überall in einer Dichte fast wie in Monaco. Die Hotels wurden renoviert, so dass nun auch das *Marriott* hell und freundlich wurde. Der Service ist exzellent und die gegrillte Gänseleber, eine Spezialität des Landes, zusammen mit einer Flasche Egri Bikaver oder Stierblut ist eine ganz besonders erfreuliche Erfahrung. Stierblut war das Getränk, das die ungarischen Krieger „high" machte, bevor sie gegen die Türken kämpften. Man muss nicht nach Ungarn fahren, um den Wein zu trinken, aber stets bedenken, dass Rotwein sehr gut für das Herz ist und Infarkte verhindern kann. Selbst Kardiologen geben das zu – und ich kenne einige, die sich daran halten.

Doch ich schweife ab und muss wieder zum Grand Prix von Ungarn im Jahr 2000 und dem Kampf um die Fahrer- und Konstrukteurs-Weltmeisterschaft zurückkehren. Dies war ein wichtiges, aber auch heißes und feuchtes Wochenende. Ungarn ist oft der heißeste Platz, nachdem wir nicht mehr im Hochsommer nach Brasilien und Argentinien gehen.

Am Freitag waren wir bereits früh an der Strecke, weil wir Jean Alesi noch einmal untersuchen mussten. Nach seinem Unfall in Deutschland, den er anscheinend unverletzt überstanden hatte, kam er ins Fahrerlager, zog sich um und verließ die Strecke in einem Hubschrauber. Am Streckenrand war er von einem Arzt untersucht worden, hatte sich aber nicht in das medizinische Zentrum begeben, weil er glaubte, dass alles in Ordnung sei. Doch die nächsten Tage hatte er Kopfschmerzen, fühlte sich übel, musste sich aber nicht übergeben. Er hatte mich in meinem Büro angerufen und medizinischen Rat eingeholt, doch vor einem Start in Ungarn bat er mich noch einmal um eine Untersuchung. Ich hatte mich mit ihm in seinem *Hotel Karpinski* verabredet. Neurologisch war er – sogar für einen Franzosen – in Ordnung, doch wir mussten ihn noch einmal offiziell im medizinischen Zentrum am Rande der Strecke sehen. Dr. Laslo und Jean-Jacques Isserman taten dies und gaben ihm grünes Licht.

Im Qualifying war Schumacher der Schnellste vor David Coulthard, Mika Häkkinen und Ralf Schumacher auf dem BMW-Williams. Am Tag des Rennens war es weiter heiß, so dass wir Flüssigkeit und intravenöse Infusionen im Parc Fermé für das Ende des Rennens vorsichtshalber bereit legten. Doch die Gurus in den einzelnen Teams hatten ihre Zöglinge gut vorbereitet. Die Piloten haben heute ausreichend Flüssigkeit in ihren Cockpits und können während des Rennens trinken, wenn sie wollen. Glücklicherweise erleben wir nicht mehr Zusammenbrüche wie bei Nelson Piquet in Brasilien oder Nigel Mansell hier und an anderen Orten.

Die Temperaturen stiegen weiter und beim Start war es so heiß wie bei keinem anderen Grand Prix des Jahres. Wir warten auf die Aufwärmrunde in einer Verbindungsstraße vor der letzten Kurve, die auf die Start- und Zielgerade führt. Nachdem die Wagen an uns vorbei gefahren waren, stellten wir uns hinter den beiden Minardi auf. Es gab keine Probleme am

Start, so dass die erste Runde für uns ohne Aufregungen verlief.

Doch weiter vorne hatte Häkkinen für Aufsehen gesorgt. Vom dritten Startplatz aus hatte er Schumacher überrascht und lag nach der ersten Kurve in Führung. Coulthard lag an dritter Position. Die Positionen der ersten Drei sollte sich nicht mehr verändern. Häkkinen fuhr ein fehlerloses Rennen und kassierte zehn Punkte, was ihm die Führung in der Weltmeisterschaft sicherte. Er hatte nun 64 Punkte, Schumacher kam auf 62. Coulthard folgte mit 58 Zählern vor Barrichello mit 49 Punkten. Der Kampf war noch spannender geworden. In der Konstrukteurswertung lag McLaren nun mit 112 Punkten vor Ferrari mit 111.

Grand Prix von Belgien

Ich kam bereits am Mittwoch nach Spa, weil sich die Forschungsgruppe bereits am Donnerstag um elf Uhr treffen wollte. Am Morgen zeigte sich das Wetter von seiner angenehmen Seite: Die Sonne schien und es war warm – ich wollte kaum glauben, dass ich in Spa war. So blieb es Donnerstag, Freitag und Samstag. Wir verbrachten eine ruhige Zeit und konnten von unserem Standpunkt hinter der Absperrung von La Source aus die schnelle Kurve und das Bergaufstück beobachten.

In der Nacht zum Sonntag wurde ich aber vom Regen geweckt. Als wir auf der Strecke eintrafen, lag sie im Nebel und es goss ohne Unterbrechung weiter. Ich dachte sogar, dass wir das Warm-up verschieben müssten, weil man auf der Strecke an einigen Stellen die nächste Kurve nicht mehr sehen konnte. Doch dann redete ich mit dem Meteorologen von McLaren, der mir versicherte, dass es gegen neun Uhr klarer werden und beim Beginn des Warm-up die Sicht ausreichen würde. Ich empfing diese Nachricht mit einiger Erleichterung, weil die Hubschrauber bei Nebel kaum fliegen können und das Krankenhaus in Lüttich weit entfernt ist. Die Hubschrauberpiloten beruhigten mich jedoch und meinten, dass sie fliegen könnten. Allerdings würden sie nicht an die Strecke zurück fliegen können. Nachdem wir über zwei Hubschrauber verfügten, erschien mir dies kein allzu großes Problem zu sein.

Das Warm-up begann auf einer feuchten Strecke. Wundersamerweise hatten wir kaum Schwierigkeiten, abgesehen von Fisichella, der nach 20 Minuten in der Kurve beim medizinischen Zentrum auf die weiße Streckenmarkierung kam, sich in die Absperrungen drehte und überschlug, so dass die roten Fahnen heraus kamen und das Warm-up abgebrochen wurde. Weil Spa eine der längsten Strecken ist, brauchten wir einige Zeit, bis wir zum Ort des Gesehens geeilt waren. Doch als wir eintrafen, war bereits Hilfe zur Stelle. Fisichella hatte seinen Boliden schon verlassen und kletterte in den Rettungswagen, als wir eintrafen. Wir fuhren ins medizinische Zentrum, wo wir auf ihn warteten. Er traf dort ungefähr eine Minute später ein, kletterte grinsend aus dem Rettungswagen und murmelte, dass er in Ordnung sei. Dennoch untersuchte ihn das belgische Team gründlich und riet ihm, während des restlichen Warm-up bei uns zu bleiben.

Wir fuhren in die Boxengasse, wo ich seinen Chef Flavio Briatore informierte, dass seinem Piloten nichts passiert war, doch dass er nicht mehr ins Warm-up eingreifen sollte. Flavio stimmte zu und das Warm-up lief ohne weitere Vorkommnisse weiter.

Eine Stunde nach dem Warm-up begann es wieder stark und ausdauernd zu regnen. Danach stiegen unsere Hoffnungen auf ein trockenes Rennen wieder ein wenig. Die Start- und Zielgerade ist nur wenige hundert Meter lang und mündet in die Haarnadelkurve La Source, wo es schon im Trockenen immer wieder zu Unfällen kommt. Vor der Einführung des Safety Car gab es nichts anderes als einen stehenden Start, so dass es 1990 in Spa drei Startversuche gab, bevor das Rennen endlich in Gang kam.

Im Fahrerlager wurde lange darüber diskutiert, ob man hinter dem Safety Car starten sollte, was bedeutete, dass die Spannung beim Start verloren ging. Ungefähr eine Stunde, bevor die Ampeln auf Grün schalteten, fragte ich Herbie Blash, welcher Start denn nun geplant sei, weil der Regen zwar aufgehört hatte, die Piste aber immer noch nass war. Er antwortete, dass noch keine Entscheidung getroffen worden sei, dass man mich aber früh genug informieren werde. Für uns ist das wichtig, weil wir bei einem Start hinter dem Safety Car nicht dem Feld folgen. Die Boliden sind zum Einen relativ langsam unterwegs und zum Anderen wissen wir nicht, wie viele Runden hinter dem Safety Car gefahren werden. Außerdem ist das

Feld weit auseinander gezogen, so dass die Gefahr eines Unfalls ziemlich gering ist, wenn der Start schließlich frei gegeben wird.

Dennoch hatten wir bis zum letzten Moment noch keine Entscheidung, so dass Alex den Wagen auf die Piste fuhr und wir unsere Warteposition am Notausgang bei der Busstop-Schikane einnahmen. Zu meiner Überraschung war die Strecke inzwischen deutlich abgetrocknet. Ich hatte den Eindruck, dass es keine Probleme mit einem normalen Start geben dürfte. Dennoch wurde kurz vor der Aufwärmrunde ein Start hinter dem Safety Car beschlossen.

Wir warteten an unserem Platz auf das Ende der Aufwärmrunde. Dann leuchtete die Ampel auf und erlosch wieder. Das Feld setzte sich nun hinter dem Safety Car in Bewegung, wobei niemand seine Position verließ. Wir folgten dem Feld bis La Source, blickten hinunter auf Eau Rouge, konnten keine Probleme feststellen und fuhren von dort zu unserer Warteposition. Nach einer Runde wurde der Start frei gegeben und Mika Häkkinen, der die schnellste Qualifying-Zeit gefahren war, setzte sich vor Michael Schumacher an die Spitze. Die Wagen waren jedoch auf Regenreifen unterwegs, so dass sie bald zu einem Reifenwechsel die Boxen ansteuern mussten. Dies geschah, änderte aber nichts an Häkkinens überlegener Führung. Doch dann unterlief ihm der gleiche Fehler wie Fisichella am Morgen und er drehte sich auf der Piste. Er fing den Wagen jedoch meisterhaft ein und konnte weiter fahren. Allerdings hatte er die Führung an Schumacher verloren, so dass der Zweikampf von vorne begann. Die rechte Seite der Piste oben bei Eau Rouge und von dort bis zur ersten Schikane war nass geblieben. Nach und nach verringerte Häkkinen Schumachers Vorsprung. Er wollte ihn an dieser Stelle überholen, was Schumacher mit einem für ihn typischen Manöver verhinderte. Häkkinen musste bei einer Geschwindigkeit von gut 320 km/h zurück stecken. Er reihte sich hinter Schumacher ein und rührte in seinem Getriebe. Einige Runden später trafen die beiden Führenden an jener Stelle auf den friedlich vor sich hin fahrenden Ricardo Zonta. Schumacher setzte zum Überholen des Nachzüglers auf der linken Seite an, während Häkkinen eine Möglichkeit auf der rechten Seite sah, um gleich beide Boliden zu überholen. Vor der Schikane lag er nach einem der beeindruckendsten Manöver, das ich jemals gesehen hatte, vor Schumacher und behielt die Führung bis zum Ende des Rennens. Häkkinen führte nun mit 74 Punkten vor Schumacher (68), Coulthard (61) und Barrichello (49). In der Konstrukteurswertung lag McLaren mit 125 Punkten vor Ferrari (117).

Bei dem Treffen unserer Forschungsgruppe hatten wir wieder einmal das Problem der sich bei einem heftigen Crash immer noch vom Wagen weg fliegenden Räder diskutiert, weil sich die Stärke der Halteseile nach wie vor als unzureichend erwiesen hatte. In den nächsten zwei Jahren, das war bereits vorher beschlossen worden, mussten zwei Halteseile die Räder halten. Wir machen uns immer Sorgen darüber, dass bei einem entsprechenden Unfall umher fliegende Räder Zuschauer oder Streckenposten verletzen könnten. Wir beschäftigen uns auch mit der Möglichkeit, dass ein Wagen aufsteigen und eine größere Katastrophe auslösen kann. Dies war beinahe bei Zontas Trainingsunfall in Silverstone geschehen, bei dem zum Glück niemand verletzt worden war. Wie sich herausstellte, war unsere Sorge fast prophetischer Natur, weil beim nächsten Rennen in Monza ein Feuerwehrmann vom Rad eines Jordan tödlich verletzt werden sollte. Wir benötigen noch viel Entwicklungsarbeit, bevor diese Probleme gelöst werden können.

Grand Prix von Italien

In Monza bin ich immer in Sorge. Das Rennen erinnert mich alljährlich an die Verluste der Vergangenheit. Besonders am frühen Morgen, wenn die Sonne den Nebel über der Curva Grande und der Lesmo verdrängt, fühle ich die Geister alter, unseliger Zeiten aufsteigen. Ich habe die gleichen Gefühle, wenn ich durch Flandern fahre.

In diesem Jahr wurde mein Unbehagen noch gesteigert, als ich am frühen Freitag über die Strecke fuhr und die neuen Schikanen sah. Wir hatten hier immer ein Problem, nach dem Start die erste Schikane ohne Crash zu überstehen. Ein- oder zweimal hatten die Unfälle an dieser Stelle zu einem Rennabbruch geführt. Nun waren die Abweiser in der ersten Schikane zwar flacher, aber enger angelegt worden. Der Notausgang erreichte die Strecke wieder am Ausgang der Schikane, wo man dann leicht wieder mit den anderen Boliden kollidieren konnte. Das Layout hatte alle Zutaten für unerfreuliche Vorkommnisse. Und wegen der hoch gesetzten Nasen der Boliden hatten wir Angst, dass sie bei einem harten Aufprall seitlich ins Cockpit eindringen konnten. Die zweite Schikane zwischen der Curva Grande und der ersten Lesmo-Kurve war ebenfalls umgebaut worden. Sie war nun schneller mit flacheren Abweisern und wirkte weniger gefährlich als die erste Schikane. Ich glaube, es ist eine Art Gesetz, dass sich dort in der ersten Runde der erste größere Unfall des Rennens ereignen muss.

Das Wetter war fantastisch, nicht zu heiß mit strahlender Sonne und blauem Himmel. Die restliche Strecke machte einen guten Eindruck samt der üblichen Menge von Tifosi, die den Traditionskurs belagerten. Wir bereiteten uns auf die erste Trainingssitzung vor und kontrollierten die Einrichtungen im medizinischen Zentrum, die Hubschrauber, die schnellen Einsatz- und die Rettungswagen am Rande der Piste. Ich bin immer sehr sorgfältig bei diesen Kontrollen – vor allem in Monza, wo wir in der Vergangenheit immer wieder Probleme hatten, wenn sich die Helfer schon mal in den Wald oder zu den Latrinen verabschieden. Wir machten unsere Runde zusammen mit dem verantwortlichen Arzt, Professor Rabelli, und seinem Vertreter, Dr. Ravelli, und fanden keine Beanstandungen. An diesem Morgen stand auch unsere Übungsfahrt auf dem Programm, bei der wir Bernd Mayländer vier Runden lang im Safety Car folgten. Sie waren aufregend. Die Strecke ist sehr schnell, wobei ich es als besonders unangenehm empfand, über die Abweiser der ersten Schikane zu fahren. Bei der zweiten Schikane war es nicht ganz so schlimm. Auf der Ascari erreichten wir 240 km/h – die Formel-1-Boliden sind hier 340 km/h schnell.

Das Qualifying verlief problemlos, obwohl Fisichella in der Ascari in den Reifenstapel abflog. Samstagnacht veranstaltete Karl-Heinz Zimmermann eine seiner berühmten Dinner-Partys in seinem Wohnmobil. Unter den Gästen befand sich einer der Pioniere der kubanischen Zigarrenindustrie, Aléjandro Robiana, der inzwischen die Achtziger erreicht hatte. Er wurde von seinem Neffen und Niki Laudas rechter Hand, Andrea Molinari, begleitet. Nach dem Essen produzierte der Neffe aus einer Handvoll Tabakblätter einige frische kubanischen Zigarren für uns.

Der Sonntagmorgen war strahlend und warm. Im Fahrerlager erreichte die Spannung wegen des Dreikampfs zwischen Michael Schumacher, Mika Häkkinen und David Coulthard langsam einen ersten Höhepunkt. Schumacher stand zwar auf der Pole, doch das McLaren-Team machte dennoch einen optimistischen Eindruck.

Kurz vor der Aufwärmrunde und ungefähr acht Minuten, nachdem die Boxengasse geschlossen worden war, zogen wir unsere Schutzhelme an und nahmen unsere Position ein. Wir stehen dort zusammen mit dem Ferrari der Feuerwehr und einem Rettungswagen, der eigentlich eine rollende Intensivstation ist.

Nachdem die Boliden uns passiert hatten, stellten wir uns ans Ende des Feldes. Die Startampel erlosch und wir machten uns auf unseren Weg. Zu meiner Überraschung kamen die Wagen bis auf zwei glatt durch die erste Schikane. Eddie Irvine und Mika Salo standen offensichtlich unverletzt im Kiesbett links neben der Schikane. Als wir weiter fuhren, hörte ich, wie Herbie Blash den Safety Car in Bereitschaft versetzte. Wir dachten zunächst, dies würde wegen der beiden Wagen geschehen, doch als wir die Curva Grande hinter uns hatten, sahen wir vor uns einen schweren Unfall. Über dem Kies hing eine riesige Staubwolke, durch die wir einige zerstörte Boliden und Trümmerteile sahen. Einige der Fahrer hatten ihre Wracks bereits verlassen, doch einer der Arrows lag auf dem Kopf. Ich war nach meinem ersten Eindruck sicher, dass jemand schwer verletzt worden war. Wir rannten über den Kies, wo ein aufgeregter Barrichello und ein ruhiger und gelassener Coulthard standen. Trulli und Frentzen tauchten auf und beide machten einen guten Eindruck. Die Streckenposten stellten Pedro de la Rosas Arrows auf die Räder und auch der Spanier konnte seinen Boliden unverletzt verlassen. Dann kam ein Streckenposten zu uns und erklärte, dass jemand auf der linken Seite der Strecke hinter der Leitplanke schwer verletzt worden war. Gary Hartstein und Dr. Lazzerino, der italienische Arzt in unserem Team, rannten hinüber, um zu sehen, was geschehen war. Ich sagte zu Alex, dass wir unseren Wagen am besten dorthin zurück setzen sollten, wo der Unfall auf der Strecke seinen Lauf genommen hatte.

Wir fuhren den Mercedes ungefähr 50 Meter zurück, wobei wir aufpassten, dass wir nicht mit dem verbliebenen Feld kollidierten und parkten ihn auf der linken Seite im Gras.

Wir trafen dort auf Gary und Dr. Lazzerino, die sich intensiv um den Feuerwehrmann kümmerten, der schwer verletzt worden war. Ich funkte Herbie Blash, dass wir einen ernsthaft verletzten Patienten hatten. Herbie fragte mich, ob wir damit leben könnten, dass das Safety Car das Feld weiter anführte. Ich bejahte, denn in Monza liegt die Rundenzeit für ein vom Safety Car angeführtes Feld bei knapp unter zwei Minuten, so dass alle zwei Minuten Schlangenlinien fahrende Formel-1-Boliden vorbeikamen, die so ihre Reifen auf Temperatur hielten. Der Lärm erschwerte die Verständigung, so dass ich meinen Helm abnahm. Ich reichte Gary die von ihm benötigte Ausrüstung über die Absperrung und rief zusammen mit Alex eine Trage und einen Rettungswagen herbei.

In der Zwischenzeit hatte Gary den Patienten intubiert und eine Infusion gelegt, so dass der Streckenposten ins medizinische Zentrum transportiert werden konnte. Wir hatten bis dahin gut 20 Minuten benötigt, während derer die Boliden zehn Runden zurück gelegt hatten. Gary begleitete den Patienten zusammen mit dem italienischen Arzt im Rettungswagen, während Alex und ich zu unserer Position am Boxenausgang zurück fuhren.

Nachdem der Rettungswagen das medizinische Zentrum erreicht hatte und Alex und ich zu unserem Platz zurück gefahren waren, hörte ich, dass das Safety Car die Strecke verlassen hatte.

Gary und unserer italienischer Assistent tauchten wieder auf und wir hofften nun, dass wir von weiteren Problemen verschont blieben. Ein derart ernstes Unglück ist immer wieder eine ernüchternde Erfahrung.

Schumacher im Ferrari lieferte eine saubere Leistung ab und siegte vor Häkkinen, doch die Siegerehrung wurde von der Nachricht überschattet, dass der Streckenposten seinen Verletzungen erlegen war.

Der Differenz zwischen Schumacher und Häkkinen war auf nur noch zwei Punkte geschrumpft. In der Konstrukteurswertung lag Ferrari mit 127 Punkten vier Zähler hinter McLaren.

Nachdem wir uns umgezogen hatten, ging ich in Karl-Heinz Zimmermanns Motorhome wo mich Ralf Schumacher fragte, ob ich Name und Adresse der Witwe des Streckenposten heraus finden könnte. Ghislimberto war erst seit einem Jahr verheiratet gewesen und seine Frau erwartete das erste Baby. Dann tauchte Michael Schumacher auf und sagte, dass Ralf und er der Witwe eine Spende zukommen lassen wollten. Er wüsste, dass ihr dies ihren Mann nicht zurück bringen würde, doch so sei sie wenigstens finanziell abgesichert. Später eröffnete Bernie Ecclestone einen Unterstützungsfonds in Höhe von 40.000 Dollar für sie und bat jedes Team, 10.000 Dollar zu spenden.

Nach dem Rennen gab es in den Zeitungen und Fachblättern eine ausführliche Diskussion darüber, ob es sinnvoll gewesen war, das Safety Car so lange auf der Strecke zu lassen. Für Formel-1-Boliden ist es nicht einfach, eine längere Zeit hinter dem Safety Car zu fahren. Ich glaube, es hätte gute technische Gründe dafür gegeben, nur einige wenige Runden hinter dem Safety Car zurück zu legen und dann das Rennen abzubrechen.

Zwei Wochen später in Indianapolis meinte Bernie, dass man ein Rennen stoppen sollte, wenn das Safety Car länger als drei Runden auf der Piste sei.

Grand Prix der USA

1967 sah ich diese beeindruckende Piste mit ihren Steilkurven zum ersten Mal, bis ich im Jahre 2000 wieder dorthin zurückkehrte. Seitdem gab es viele Veränderungen. Der neue Grand-Prix-Kurs im Infield wirkte eng und kurvig, während die kurze Gegengerade einen schnellen Eindruck machte. Der Übergang aus dem Infield in die Steilkurve sah ziemlich eindrucksvoll aus.

Natürlich waren die amerikanischen Fans gespannt darauf, die Formel-1-Boliden zu sehen, wenn sie im Uhrzeigersinn, anstatt dagegen, fahren und das möglicherweise auch noch im Regen, wenn amerikanische Rennen im Allgemeinen abgebrochen werden.

1967 hatte ich meinen alten Kumpel Jim Rae, einen hervorragenden orthopädischen Chirurgen besucht, der mein Kollege im Medical Center in Syracuse, New York, gewesen war. Nun leitete er die Orthopädie in der University of Indianapolis. Ich wurde von einem jungen Neurologen, David Haas, begleitet, der ebenfalls ein Motorsportfan war. In jenen Tagen war ich nicht Mitglied eines medizinischen Teams, so dass wir uns Tickets kaufen mussten. Unsere Sitze lagen nicht sonderlich gut in der Mitte der Geraden, wo die Boliden zu schnell vorbei schossen, und man sie nicht richtig erkennen konnte. Doch wir genossen das Warm-up vor dem Event mit der Purdue State Band, den Golden Girls und die Stars des amerikanischen Showbusiness.

Im Mittelpunkt des Rennens stand der Turbinenwagen von Parnelli Jones, der den Namen „flüsternder Jet" trug. Er erfüllte die Erwartungen und war entsprechend schnell, doch als nach 18 Runden Regen einsetzte, wurde das Rennen abgebrochen, und wir durften nach Hause gehen. Dank des Memorial-Day-Weekends hatten wir den Montag frei, so dass David und ich noch eine Nacht blieben, um die Neuauflage am folgenden Tag zu verfolgen. Das Wetter war gut, und dem Regen hatten wir zu verdanken, dass wir nun wesentlich bessere Plätze einnehmen konnten, weil die meisten anderen Zuschauer die Stadt bereits wieder verlassen hatten. Parnelli Jones übernahm wieder die Führung, nur um in den letzten Runden wegen eines technischen Defektes auszufallen, so dass A. J. Foyt den Sieg erbte.

Jetzt stand der Zweikampf zwischen Häkkinen und Schumacher um die Weltmeisterschaft im Mittelpunkt. Nach dem Ferrari-Sieg in Monza war klar, dass Schumacher bei einem Sieg vor Häkkinen die Führung mit zwei Punkten übernehmen würde. Ich traf am Donnerstag auf der Strecke ein und besichtigte die hervorragenden Einrichtungen in dieser riesigen Schüssel mit ihren massiven Tribünen. Das medizinische Zentrum unter der Leitung von Dr. Henry Bock, der seit vielen Jahren hier wirkt, ist ausgezeichnet. Ich hatte ihn bereits 1999 in Monza getroffen, wo er sich die Arbeit des medizinischen Teams der FIA angesehen hatte, um festzustellen, ob es sich von seiner Mannschaft in Indianapolis unterschied. Anfang des Jahres war Jean-Jacques Isserman nach Indianapolis gereist, so dass wir uns nun alle kannten. Wir hatten keine Probleme bei der Zusammenarbeit. Am Donnerstag trainierte Jean-Jacques mit dem Bergungsteam an einem Jaguar-Chassis. Am Ende des Tages war er mit dem amerikanischen Team sehr zufrieden.

Am Nachmittag nahm ich an der Präsentation eines neuen herausnehmbaren Sitzes teil, der von Lear auf meine Bitte hin entwickelt worden war. Der alte Sitz hatte das Problem, dass wir den Piloten nach der Bergung aus seinem Sitz heben mussten, bevor er auf eine spezielle Matratze gelegt werden konnte. Diesen Zwischenschritt wollten wir vermeiden. Natürlich hatte Lear das Problem gelöst. Der neue Sitz bestand aus einer äußeren Schale, die entsprechende Steifigkeit bot und einer inneren Schale, die man abtrennen konnte.

Nach der Bergung konnte die untere Hälfte abgelöst werden, ohne den Patienten zu stören. Der Rest stützte weiter den Rücken – eine geniale Lösung.

Eddie Irvine war ebenfalls anwesend, weil Lear zuerst Stewart Racing und nun Jaguar sponserte, was viel Aufmerksamkeit der Presse mit sich brachte. Alex Ribeiro stand dem neuen Sitz auch positiv gegenüber, was ich sehr schätzte, weil er ein erfahrener Rennfahrer war, der auch Formel-1-Erfahrung hatte.

Am Freitagmorgen war das Wetter angenehm, doch es gab Spekulationen über mögliche Regenfälle. Die beiden Trainingssitzungen verliefen jedoch problemlos und die Piloten schienen mit der Strecke zufrieden zu sein, was vor allem für die Steilkurve galt.

Am Nachmittag fuhren einige von ihnen in die Stadt, um dort in einem Kinderkrankenhaus Autogramme zu geben. Michael Schumacher, Heinz-Harald Frentzen, Jarno Trulli, Giancarlo Fisichella und Jenson Button wurden vom FIA-Pressechef Francesco Longanesi und mir begleitet. Die Halle des Krankenhauses wirkte mit ihren Aufzügen fast wie die Empfangshalle in einem Hyatt. Die Kinder hatten sich zusammen mit ihren Müttern und Vätern aufgereiht, um Autogramme von drei Piloten zu bekommen, während sich Trulli und Button aufgebaut hatten, um sich mit ihnen fotografieren zu lassen. Wir verbrachten eine gute Zeit und bevor wir zur Strecke zurück fuhren, hörte ich noch, wie Jenson Button eine Dame fragte, wo man das beste Nachtleben in Indianapolis erleben könnte. Offensichtlich war er in der Nacht zuvor aus gewesen und hatte eine ziemlich ruhige Stadt erlebt.

Als ich ihn fragte, was er von der Strecke hielte, meinte er, sie sei toll: „Die lange Gerade und dann die Bremszone am Ende ermöglichen es, den Windschatten zu nutzen und dann kurz vor der Schikane zu überholen.“ Sein Vertrauen in die Piste war angebracht: Er holte den sechsten Startplatz hinter den beiden Ferrari, den McLaren und Trullis Jordan.

Das Fahrerlager in Indianapolis hat enorme Ausmaße und obwohl es eine große Nachfrage nach VIP-Pässen gab, machte es nie einen überfüllten Eindruck. Wegen des Premierencharakters tauchten hier viele Menschen auf, die ich lange nicht mehr gesehen hatte. Phil Hill kam und stellte wieder seinen wunderbaren Humor unter Beweis. Er war ein wenig angespannt, weil sein Sohn im Porsche Super Cup fuhr. Ich traf auch Jack Brabham, der eine große Glückwunschkarte mit sich herum schleppte, auf der die alten Kumpel Frank Gardner zu dessen 70. Geburtstag gratulieren sollten. Der ehemalige Formel-1-Pilot Tim Parnell war ebenfalls gekommen, doch dann entdeckte ich zu meiner Überraschung Dan Gurney, der mit Norbert Haug zusammen stand.

Ich hatte Dan seit Clay Regazzonis Unfall 1980 nicht mehr gesehen. Ich neckte ihn wegen seines Rennens 1964 in Spa, als er in der letzten Runde mit seinem Brabham in Führung liegend ohne Sprit ausgefallen war. Er saß am Boden zerstört in seinem Cockpit und musste zusehen, wie Graham Hill an ihm vorbei in Führung ging. Hill blieb dann aber auch ohne Sprit liegen. Bruce McLaren sah danach wie der sichere Sieger aus, bis Jim Clark aus dem Nichts auftauchte und siegte. Dan erzählte mir, dass ihm damals bewusst gewesen war, dass er kaum noch Sprit hatte und daher in die Brabham-Box gefahren war, um zu tanken. Doch dort hatte es aber kein Benzin gegeben. Die Mechaniker hatten alles bereits eingepackt...

Ich traf auch den früheren australischen Formel-1-Piloten Tim Schenken, der viele Jahre lang in Adelaide und danach in Melbourne als Renndirektor gewirkt hatte. Er erzählte mir einige Witze, die ich hier nicht wiederholen kann, doch ganz offensichtlich war er bei Frank Gardner in die Schule gegangen.

Das Wetter am Samstagmorgen war verhangen und Regen drohte. Doch erst beim Qualifying begann es zu tröpfeln, so dass die Rennwagen auf die Strecke jagten, um sich eine Zeit zu sichern. Erstaunlicherweise blieb Michael Schumacher in der Box und kam erst auf die Piste, als sie abgetrocknet war. Er holte sich in seiner unnachahmlichen Art die Pole vor Coulthard, Häkkinen und Barrichello.

An jenem Morgen hatten wir unsere Übungsfahrt mit dem Arztwagen absolviert. Ich genoss die Fahrt über die Strecke samt Steilkurve und konnte die Zuneigung der Piloten verstehen. Die Übung machte Sinn, weil wir am Samstagnachmittag das erste Porsche-Supercup-Rennen betreuen mussten. Wir folgten den Teilnehmern in der Aufwärm- und der ersten Rennrunde und konnten den Rennwagen mit dem bemerkenswerten Mercedes gut folgen. Am Sonntagmorgen, als wir das zweite Rennen betreuten, das nach dem Formel-1-Warm-up stattfand, war der Kurs noch feucht vom Regen des Morgens, so dass die Porsche langsamer fuhren und wir den Hinterbänklern am Auspuff saßen. Das Bemerkenswerte an dieser Strecke ist die Tatsache, dass die Porsche im Qualifying 1:37 Minuten erreichten und damit nur 23 Sekunden langsamer waren als die Formel-1-Boliden mit 1:14 Minuten.

Die amerikanischen Zuschauer fieberten dem Erlebnis entgegen, Rennwagen im Regen zu sehen. Ihr Wunsch wurde im Warm-up erfüllt, als die Formel-1-Piloten zeigten, dass sie dies nicht abschreckte. Nach dem Porsche-Rennen regnete es wieder und es erschien sicher, dass die Formel 1 im Regen starten würde. Doch überraschenderweise machte die Strecke, als wir unsere Position vor der Aufwärmrunde einnahmen, einen trockenen Eindruck.

Das Rennen war spannend. Der Start verlief problemlos und auch in der ersten Schikane gab es keine Zwischenfälle. David Coulthard war in Führung gegangen, wurde dann aber wegen eines Frühstarts zu einer Zehn-Sekunden-Strafe an die Box gerufen. Michael Schumacher hatte ihn da aber schon mit einem gewagten Manöver am Ende der langen Geraden überholt. Coulthard hatte nun keine Chance mehr. Spannung kam auf, weil mit Ausnahme von Johnny Herbert alle Piloten mit Regenreifen ins Rennen gegangen waren, die nun gewechselt werden mussten. Schumacher blieb während der Boxenstopps der Anderen auf der Piste und baute so eine beruhigende Führung auf. Auch nach seinem Wechsel blieb er in Führung, die Häkkinen allerdings zunehmend verringerte. Er lag nur noch fünf Sekunden hinter Schumacher, als sein Motor den Dienst einstellte.

Die Ferrari-Fans feierten den Sieg natürlich überschwänglich. Schumacher hatte nun 88 Punkte vor Häkkinen, der bei 80 stehen geblieben war. In der Konstrukteurswertung lag Ferrari nun mit 143 Punkten vor McLaren (133). Noch war keine Entscheidung gefallen, standen die beiden Rennen in Japan und Malaysia aus.

Grand Prix von Japan

Als ich am Donnerstagnachmittag vor dem entscheidenden Rennen in Suzuka eintraf, erinnerte ich mich an meinen ersten Aufenthalt hier im Jahre 1987. Es war mein zweiter Besuch in Japan. Ich war von der Neurologie der Universität in Hamamatsu eingeladen worden, wo einer meiner Studenten und Schützlinge, Kenichi Uemura, Professor und Leiter der Neurologie geworden war. Ich hatte ihm bei seinem Studium geholfen, als er Mitglied der Belegschaft des Medical Center in Syracuse, New York, gewesen war. Er ist einer der hellsten Köpfe, die ich jemals getroffen habe.

Ich hatte London am Sonntag verlassen und traf am Montagnachmittag ein. Sofort musste ich arbeiten. Zuerst hielt ich eine Vorlesung, verbrachte danach einige Stunden mit Wissenschaftlern aus Uemuras Abteilung, um danach in einem der Krankenhäuser an der Visite teilzunehmen. Später wurde ich zu einem Abendessen eingeladen, bei dem es ausreichend Whisky gab. Gegen zwei Uhr konnte ich endlich zu Bett gehen, wobei mir meine Gastgeber eröffneten, dass sie mich um halb sieben wieder abholen würden.

Pünktlich um halb sieben warteten sie in der Halle und ich wurde aufgefordert, mich zu beeilen. Wieder besichtigte ich Krankenhäuser und die Suzuki-Fabrik in Hamamatsu, wo ich sehen konnte, wie die japanischen Arbeiter geleitet wurden, eine bemerkenswerte Vorstellung von Disziplin, Freundlichkeit und Sauberkeit. Am Abend folgte eine weitere Einladung, und als ich Hamamatsu am Mittwochmorgen verließ, um nach Suzuka weiter zu reisen, war ich erschöpft.

Ich traf dort am Nachmittag ein und fragte nach dem verantwortlichen Arzt. Man sagte mir, dass er noch nicht vor Ort sei, weil er noch in Tokio beschäftigt wäre. Gegen fünf Uhr sollte er eintreffen, so dass ich die Zeit nutzte, das für Verletzte bestimmte Krankenhaus zu besichtigen. Zu meinem Schrecken und meiner Enttäuschung musste ich feststellen, dass es absolut nicht für seine Aufgabe geeignet war. Als ich gegen fünf Uhr an die Strecke zurück kehrte, war der Arzt noch immer nicht eingetroffen. Nun sollte er gegen sechs Uhr kommen. Um sechs Uhr war er immer noch nicht da – nun sollte er gegen sieben Uhr kommen. Ich beschloss, die harte Tour einzuschalten und erklärte dem FIA-Renndirektor Roland Bruynseraede und John Cosmit, einem anderen FIA-Verantwortlichen, dass ich mit der Situation unglücklich war. Die japanischen Offiziellen erklärten, dass sie den verantwortlichen Arzt herbei schaffen würden und dass ich ihn um neun Uhr treffen würde. Ich sagte, dass „ich jetzt zu Bett gehe und wir das Treffen um Mitternacht" einberufen würden. Alle Beteiligten machten einen beleidigten Eindruck, doch ich legte mich für einige Stunden hin.

Bei unserem Treffen waren nun alle versammelt, einschließlich eines ziemlich schlanken Japaners, den man mir als den verantwortlichen Arzt vorstellte. Ich eröffnete die Konversation, indem ich sagte, dass Stolz einer der Charakterzüge des japanischen Volkes sei und dass jemand, der sich vor sich selbst schämen müsse, Harakiri begehen würde. Dies bestimmte den Ton des Treffens, was eine Menge von Entschuldigungen zur Folge hatte. Ich fuhr fort und erklärte, dass ich mit dem ausgewählten Krankenhaus nicht zufrieden sei und dass man noch während der Nacht Alternativen im Universitätskrankenhaus und dem in der Nähe gelegenen Krankenhaus von Nagoya organisieren sollte. Ich machte deutlich, dass ich diese Krankenhäuser besichtigen müsste und verlangte einen Hubschrauber für den nächsten Morgen.

Damit verursachte ich einige Aufregung. Es war damals noch üblich, dass sich die Piloten mit einer neuen Strecke am Donnerstag vertraut machen durften. Dies sollte am Donnerstag um neun Uhr morgens beginnen. Mit der Bemerkung, dass alles um elf Uhr am Donnerstagmorgen bereit sein müsse, zog ich mich zurück.

Am nächsten Morgen fand ich einen wartenden Hubschrauber am medizinischen Zentrum. Mit den von mir vorgeschlagenen Krankenhäusern waren inzwischen Verabredungen getroffen worden. Nach meinen Besichtigungen in Hamamatsu und Nagoya kehrte ich kurz vor elf Uhr nach Suzuka zurück. Die Erkundungssitzung konnte beginnen.

Als ich im Jahr darauf zurückkehrte, fand ich den seltsamen verantwortlichen Arzt nicht mehr vor und habe ihn seitdem nicht mehr gesehen. Dr. Kito, der im Zweiten Weltkrieg als Militärarzt gearbeitet hatte, hatte ihn abgelöst. Nach seiner Pensionierung folgte ihm sein Sohn auf diesem Posten.

Gegen zehn Uhr am Freitagmorgen besichtigte ich wie immer zusammen mit Jean-Jacques Isserman, Dr. Kito und einem Übersetzer die Strecke. Ich war beeindruckt, wie sehr sich die Ärzte meine Anweisungen der vergangenen Jahre zu Herzen genommen hatten. In allen schnellen Einsatzwagen und den medizinischen Teams entlang der Strecke tragen die Ärzte kurze weiße Jacken mit zahlreichen Taschen und dem Schriftzug „Doctor“ auf der Frontpartie. Wie ich ihnen erklärt hatte, halten sie in ihren Taschen alle notwendigen Gerätschaften bereit, einschließlich eines Stethoskops, obwohl ich das auf der Strecke nur selten benutzt habe. Ich hatte ihnen auch geraten, einige Streifen Klebeband abzureißen, so dass sie, wenn sie eine Infusion legten, nicht vor einem weltweiten Fernsehpublikum mit der Rolle kämpfen mussten. Natürlich hatte jeder dieser Burschen zwei Streifen Pflaster an seiner Jacke kleben.

Alex Ribeiro konnte nicht nach Japan kommen, weil er in Australien als geistlicher Beistand der brasilianischen Olympiamannschaft fungierte. Seinen Platz übernahm ein Mann, mit dem ich schon vor einigen Jahren gefahren war und der mir stolz berichtete, dass er vor ungefähr fünf Jahren seine Klasse bei den 24 Stunden von Le Mans gewonnen hatte. Ich hatte bereits Herbie Blash getroffen, der mir berichtete, das

Hideo Fukuyama am Donnerstag den einstündigen Test absolviert hatte, der sicherstellen soll, dass der Fahrer den Kurs kennt und ausreichendes Tempo erreicht. Herbie und Charlie Whiting bestätigten mir, dass Fukuyama hervorragend gefahren war. Am Samstagmorgen absolvierten wir unseren Drei-Runden-Test zusammen mit dem Safety Car, der perfekt verlief. Wir nahmen unsere Position am Ende der Straße ein, die vom medizinischen Zentrum zur Strecke führt, um das Qualifying am Samstag zu beobachten.

Wir verfolgten von dort das Abschlusstraining auf einem gigantischen Bildschirm, den die japanischen Organisatoren aufgebaut hatten.

Das Qualifying wurde wie schon die anderen Trainingssitzungen von Michael Schumacher beherrscht. Häkkinen versuchte alles, doch am Ende des Trainings stand er neben Schumacher auf dem zweiten Startplatz vor David Coulthard, Rubens Barrichello und Jenson Button, der wieder einmal eine viel versprechende Leistung zeigte.

Hatte sich das Wetter am Freitag und Samstag noch von seiner angenehmen Seite gezeigt, so wurde für den Sonntag Regen vorher gesagt. Unter dunklen Wolken verlief das Warm-up ohne besondere Ereignisse. Nun begann das Warten auf das entscheidende Rennen.

Der Start sollte um 14.30 Uhr erfolgen. Eine ungewöhnliche Zeit, doch offensichtlich strebte Bernie Ecclestone ein möglichst großes internationales Fernsehpublikum an. Die Wolken machten nun einen bedrohlichen Eindruck, doch wie durch ein Wunder regnete es noch nicht. Beim Start setzten wir uns hinter dem Feld in Bewegung. Ich dachte, dass es vielleicht in der ersten Schikane zu Kollisionen kommen könnte, weil Schumacher und Häkkinen alles geben würden, um in Führung zu gehen.

Der Start verlief jedoch glänzend und als wir uns der ersten Kurve näherten, konnte ich sehen, dass das Feld noch immer vollständig war. In der ersten Runde gab es keinen Unfall, so dass wir wieder unsere Lauerstellung einnahmen. Häkkinen war ein hervorragender Start gelungen, der ihn in Führung brachte. Diese hielt er während des größten Teils des Rennens, doch dann begann es leicht zu regnen, so dass Schumacher immer näher kommen konnte. Als Häkkinen seinen zweiten Boxenstopp einlegte, blieb Schumacher auf Trockenreifen draußen, was ihm erlaubte, einen Vorsprung aufzubauen, der reichte, um nach seinem eigenen Boxenstopp in Führung zu bleiben. Danach baute er seine Position kontinuierlich aus und siegte schließlich, was gleichzeitig die Weltmeisterschaft bedeutete. Er hatte nun 98 Punkte vor Häkkinens 86. In der Konstrukteurswertung hatte Ferrari nun 156, McLaren 143 Punkte.

Die Freudenfeier der Ferrari-Mannschaft war unbeschreiblich. Jeder umarmte den Nachbarn und Küsse wurden getauscht. Häkkinen stieg aus seinem Wagen und gratulierte Schumacher und der Ferrari-Mannschaft zum Gewinn der Weltmeisterschaft.

Ich verbrachte einen ruhigen Abend. Am Morgen, als ich meine Hotelrechnung bezahlte, traf ich den Ferrari-Teamchef Stefano Domenicali. Ich gratulierte ihm und er erzählte mir, dass Schumacher ein rauschendes Fest gefeiert hätte, mit dem er sich selbst übertroffen hatte. Ich erinnerte mich daran, als er seine erste Weltmeisterschaft 1995 in Aida gewonnen hatte. Damals fuhr Schumacher noch zusammen mit seinem Teamkollegen Johnny Herbert für Benetton. Die beiden wurden in Champagner gebadet. Wahrscheinlich hatte Vergleichbares auch in diesem Jahr stattgefunden.

Bei McLaren war man natürlich enttäuscht, machte sich aber Hoffnungen auf die Konstrukteurswertung. Der unverbesserliche Optimist Ron Dennis verpflichtete alle Beteiligten dazu, diesen Titel im Jahr 2000 zu holen.

Grand Prix von Malaysia

Im Jahr 1999 besichtigte ich in Kuala Lumpur zum ersten Mal das Universitätskrankenhaus, das für uns vom verantwortlichen Arzt Dr. Zin, einem Oberstleutnant in der malaysischen Armee, ausgesucht worden war. Das Haus war, gemessen an der zu bewältigenden Arbeit, bemerkenswert. Gegen Ende der Besichtigung hörte ich, wie jemand meinen Namen rief. Ich dreht mich um und stand meinem ehemaligen Oberarzt aus dem London Hospital, Dr. Patrick Tan, gegenüber, der nun in Kuala Lumpur praktizierte.

Ein Jahr darauf traf ich bereits am Mittwoch in Kuala Lumpur ein, um an einem Treffen der Technical Working Group teilzunehmen. Wir waren im *Mandarin Oriental Hotel* untergebracht, das nach dem Erdölboom im besten Teil der Stadt gebaut worden war. Der Ausblick vom Swimmingpool im dritten Stockwerk war spektakulär. Fast hatte man den Eindruck, als würde sich der Pool auf die darunter liegende Straße ergießen. Direkt vor mir lag ein großer Park, im Hintergrund das *Shangri-La Hotel* und der Kuala Lumpur Tower mit seinem sich drehenden Restaurant. In der Mitte des Parks befinden sich ein leicht herunter gekommenes Haus aus der Kolonialzeit und eine schöne Moschee. Hinter dem Hotel recken sich die beiden Petronas-Türme in den Himmel, benannt nach der nationalen Erdölgesellschaft, die für die Wiedergeburt von Kuala Lumpur verantwortlich ist.

Im Jahr zuvor waren wir zutiefst beeindruckt von der Schönheit und der Qualität der Anlagen sowie der Kompetenz der Verantwortlichen. Die Strecke befindet sich weit außerhalb der Stadt in der Nähe des Flughafens. Während unserer Fahrt konnte ich kaum glauben, dass wir zu einer Rennstrecke fuhren. Die Gestaltung der Landschaft und die Architektur der Anlagen sind ganz außerordentlich. Die Garagen und die Boxenanlagen sind großzügig angelegt und verfügen zudem über Räumlichkeiten, wo man Erfrischungen zu sich nehmen kann. Nicht weit davon entfernt befinden sich diverse Bauten, die von den Teams als Büros genutzt werden können. Die medizinischen Einrichtungen sind in einem äußerst funktionellen Gebäude untergebracht und bei unserer Inspektion fehlte es an nichts, was den Anstrengungen von Oberstleutnant Zin zu verdanken war. In der Intensivabteilung bemerkte Gary Hartsein, dass er während des ganzen Jahres nichts Besseres gesehen hätte.

Der Genius hinter allem war Tan Sri Haji Basirabin Ismail, Vorstandschef des Sepang International Circuit Board. Er ist zudem ein großzügiger Gastgeber, der uns am Samstagabend zu einem Dinner im sich drehenden Restaurant auf der Spitze des Kuala Lumpur Tower einlud. Der Blick auf die glitzernde Stadt mit ihren Hochhäusern und Moscheen von diesem Punkt aus ist schlicht Atem beraubend.

Die Atmosphäre auf der Rennstrecke am Freitag war, nachdem der Fahrertitel entschieden war, wesentlich entspannter als noch in Suzuka. Zwar konnte McLaren noch die Konstrukteurswertung für sich entscheiden, doch war dies eher unwahrscheinlich, denn dazu hätten die beiden Silberpfeile das Rennen gewinnen und die beiden Ferrari nicht mehr als drei Punkte gewinnen müssen.

Michael Schumacher dominierte wieder nach Belieben das Qualifying und sicherte sich eine weitere Pole Position vor Mika Häkkinen und David Coulthard. Der Renntag zeigte sich bedeckt, wobei es immer wieder aussah, als würde es bald zu regnen beginnen. Das Warm-up verlief ohne Zwischenfälle, so dass wir uns auf das letzte Rennen der Saison einstellten. Kurz vor dem Start fuhren wir noch einmal über die Strecke, um dann auf unserer Position das Ende der Aufwärmrunde zu erwarten. Alle 22 Boliden kamen problemlos ins Rennen und auch durch die erste Rechtskurve hinter der Start- und Zielgeraden. Doch als wir uns der zweiten Kurve näherten, sahen wir zahlreiche Trümmerteile auf der Strecke.

Drei Wagen waren kollidiert: de la Rosa im Arrows, Nick Heidfeld im Prost und Pedro Diniz im Sauber. Wir fuhren etwas langsamer, um Nick Heidfeld zu beobachten, der sich nur langsam vom Aufprall erholte, doch Diniz war in Ordnung und de la Rosa schälte sich gerade aus seinem Wagen. Wir gaben wieder Gas und waren trotz dieses Aufenthalt rechtzeitig wieder an unserem Beobachtungsposten.

Zu meiner Überraschung führte Häkkinen vor Coulthard und Schumacher. Barrichello lag an vierter Stelle. Über einen Großbildschirm am Ende der Boxengasse konnten wir das Rennen verfolgen. Das Safety Car kam wegen des Unfalls in der ersten Runde auf die Strecke, doch nachdem die Trümmer schnell bei Seite geräumt waren, verschwand er wieder nach einer Runde. In der dritten Runde begann das Rennen aufs Neue. Häkkinen hatte inzwischen Coulthard vorbei gelassen. Schumacher und Barrichello konnten den Finnen allerdings ebenfalls überholen. Dann musste Häkkinen wegen eines Frühstarts zehn Sekunden in seiner Box verbringen.

Zu diesem Zeitpunkt führte Coulthard vor Schumacher und Barrichello, doch hatte, wie Ron Dennis mir später erzählte, Coulthard die Strecke einmal verlassen und dabei seine Kühllufteinlässe mit Gras verstopft, so dass er frühzeitig die Boxen ansteuern musste. Sofort antwortete Schumacher mit einer ganzen Serie schneller Runden. Als Schumacher nach seinem Boxenstopp wieder auf die Strecke fuhr, lag er dank der typischen Ferrari-Präzision weiter an der Spitze. Danach blieb Coulthard unmittelbar hinter Schumacher, konnte ihn aber nicht mehr überholen. Barrichello kam auf den dritten, Häkkinen auf den vierten Platz. Am Ende des letzten Saisonrennens hatte Schumacher 108, Häkkinen 89 Punkte. In der Konstrukteurswertung lag Ferrari mit 180 Punkten deutlich vor McLaren mit 152.

Sieben Runden vor dem Ende sahen wir voller Schrecken einen schlimmen Unfall von Johnny Herbert. Das rechte Hinterrad hatte sich von seinem Boliden verabschiedet, so dass er sich bei hoher Geschwindigkeit drehte und mit der rechten Seite schwer in die Reifenstapel prallte. Ich war erleichtert, dass er sich sofort nach dem Aufprall im Cockpit bewegte und innerhalb weniger Sekunden die Gurte und das Lenkrad löste. Doch bald wurde deutlich, dass er seine Füße nicht nutzen konnte, um sich aus dem Cockpit zu befreien. Die Streckenposten kamen ihm sofort zur Hilfe, holten ihn heraus, trugen ihn zu einem Rettungswagen, der ihn ins medizinische Zentrum brachte.

Angeblich hatte er nur einige Schrammen davongetragen, doch direkt nach dem Rennen gingen wir zu ihm, um festzustellen, was wirklich geschehen war. Er grinste wie immer, obwohl er sich sein linkes Knie und Fußgelenk verletzt hatte. Zum Glück war offensichtlich nichts gebrochen. Wir röntgten ihn, wobei sich heraus stellte, dass er lediglich Gewebeverletzungen davongetragen hatte, die allerdings stark schmerzten. Der orthopädische Chirurg legte an beiden Gelenken Schienen an. Johnny nahm das alles leicht und meinte: „Nun gut, ich bin vor elf Jahren in die Formel 1 gehumpelt und ich glaube, dass ich nun heraus humpeln werde." Malaysia war gleichzeitig sein letztes Rennen für Jaguar und in der Formel 1.

Nachdem im medizinischen Zentrum alles geregelt war, ging ich auf ein Glas Rotwein zu Karl-Heinz Zimmermann. Dort traf ich Professor Jürgen Hubbert von Mercedes-Benz, der mich fragte, ob ich schon David Coulthard gesehen hätte. Das hatte ich nicht, doch ich fragte einige Teammitglieder nach dem Problem des Schotten. Coulthard kam schließlich zu mir und es stellte sich heraus, dass sich an seinem Allerwertesten auf Grund von Hitzeeinwirkung einige Blasen gebildet hatten. Ich machte einige lästerliche Bemerkungen, dass er offensichtlich versucht hätte, seinen Wagen mit dem Hintern nach vorne zu treiben. Danach verzog er sich zur McLaren-Mercedes-Party, die gerade begonnen hatte.

Das Ferrari-Team war auf Wolke Sieben, nachdem man 14 Punkte ergattert und zum zehnten Mal nun auch den Konstrukteurstitel gewonnen hatte. Zum ersten Mal in 21 Jahren hielten die Italiener dagegen Fahrer- und Konstrukteurstitel in den Händen, und dieses „Traumergebnis", so Jean Todt, „wurde dank eines Dreamteams erreicht."

Nach den vier Siegen in den letzten vier Rennen – Monza, Indianapolis, Suzuka und Kuala Lumpur – hatte Schumacher insgesamt neun Rennen gewonnen. Barrichello war auch ein Triumph gelungen, so dass Ferrari insgesamt zehn Mal gesiegt hatte. Insgesamt kam Schumacher nun auf 44 Grand-Prix-Siege.

Natürlich waren nun alle Beteiligten erleichtert, dass die Saison beendet war. Und als ich am nächsten Tag den wunderbaren Ausblick vom Pool des Mandarin Hotel genoss, konnte ich mit Befriedigung feststellen, dass keiner der Piloten im Jahre 2000 ernsthaft verletzt worden war.

Teil Drei

Die Persönlichkeiten des Millennium-Jahres

Mika Häkkinen

Der Finne begann die Saison 2000 als Weltmeister und kämpfte während des ganzen Jahres tapfer um die Verteidigung seines Titels. 1996, als er sich noch von seiner schweren Kopfverletzung aus dem Vorjahr erholte, wurde er vier Mal Dritter, zwei Mal Vierter, vier Mal Fünfter und ein Mal Sechster – elf Mal in 17 Rennen belegte er die Punkteränge.

1997 schließlich gelang ihm sein erster Grand-Prix-Sieg in Jerez. Sechs Mal war er in jenem Jahr in den Punkten. 1998 – zwei Jahre nach seiner Verletzung (im Allgemeinen können durchaus zwei Jahre vergehen, bis eine Kopfverletzung vollständig ausgeheilt ist) – gewann er acht Grand Prix, war drei Mal Zweiter sowie 14 Mal in 16 Rennen unter den ersten Sechs, was ihm am Ende den Fahrertitel brachte. Seitdem er seinen Titel 1999 verteidigte, fährt er glänzend und konstant einschließlich seiner hervorragenden Leistung beim letzten Rennen in Suzuka. In Führung liegend brachte ihn in Monza ein selbst verschuldeter Fehler um den Sieg. Er hatte schlicht in der zweiten Schikane den falschen Gang gewählt. Direkt danach brach er in Tränen aufgelöst zusammen, was natürlich von den TV-Kameras aufgezeichnet wurde. Die Presse machte viel aus diesem emotionalen Ausbruch.

Die meisten Zeitgenossen begreifen nicht, wie groß die psychische Anstrengung dieser jungen Männer ist. Es gab mal eine Zeit, da war es nicht ungewöhnlich, dass Piloten gegenüber Streckenposten handgreiflich wurden. Ich erinnere mich, dass James Hunt 1977 in Mosport einen Streckenposten niederstreckte, weil der ihn daran hindern wollte, über die Strecke zu laufen. James war sauer, weil er in Führung liegend von seinem bereits überrundeten Teamkollegen Jochen Mass von der Strecke gerempelt worden war. Mass wurde am Ende Dritter.

Als ich einmal Gianni Morbidelli nach einem Trainingsunfall im Arztwagen ins medizinische Zentrum transportierte, versuchte er in der Boxengasse aus dem Wagen zu springen. Ich griff sein rechtes Handgelenk, doch er versenkte seine Zähne in meine linke Hand. Danach ging er erst recht ins medizinische Zentrum, und ich war absolut nicht amüsiert über diese Aktion.

1999 ging ich kurz vor dem japanischen Grand Prix ein Motorsportmagazin betrachtend durch die Boxengasse und sah dort eine Fotoserie des in Tränen aufgelösten Mika Häkkinen. Ich begann zu lachen, als ich plötzlich bemerkte, dass jemand vor mir stand.

„Worüber lachst du?“ fragte Mika.

Ich entschied mich zur Ehrlichkeit und zeigte ihm die Fotos. „Ich hoffe, wir erleben nicht noch mehr solchen Unsinn.“

Er grinste. „Mach’ dir keine Sorgen. Ich bin am Start so schnell wie der Blitz, und niemand wird mich einholen.“ Er erfüllte sein Versprechen, führte 50 der 53 Runden und sicherte sich den Titel.

Michael Schumacher

Was kann man noch über das Talent dieses wunderbaren Mannes sagen? Er ist zweifellos der Schnellste bei Regen und der Fähigste im Trockenen. Ich glaube, er und Senna spielen in einer Klasse, und wie Senna bringt ihn sein bedingungsloser Wille zu siegen mitunter in Probleme. Er hatte 1997 bis zum letzten Rennen in Jerez wie 1998 in Suzuka alle Chancen auf den Titel. 1999 hatte er dagegen keine wegen seines Unfalls in Silverstone, doch als er auf die Piste zurückkehrte, stellte er den Ferrari in Malaysia und Suzuka auf die Pole Position. Der Titel in der Millennium-Saison war nach 1994 und 1995 sein dritter Triumph.

Ich habe Michael immer liebenswert, direkt und angenehm im Umgang empfunden. Viele Zeitgenossen beklagen sich, dass er vor allem im Interview nach dem Rennen arrogant ist. Er ist ein äußerst selbstbewusster Mann, was zusammen mit seiner Art Englisch zu sprechen, als Arroganz missverstanden wird.

Michael hat einen trockenen und mitunter zynisch wirkenden Verstand. Nachdem ihn sein Bruder beim Start zum Grand Prix von Europa 1997 von der Strecke gerempelt hatte, meinte er über Ralf: „Er sollte einen Psychiater besuchen und sich helfen lassen." Und nachdem ihn Zonta im Jahr 2000 in Österreich von der Strecke schob: „Zonta überschätzte seine fahrerischen Fähigkeiten."

Er ist ein Mann, der versteht, sich nach einem Rennen zu entspannen und kommt gerne am Sonntagabend auf ein Bier und eine gelegentliche Havanna in Karl-Heinz Zimmermanns Motorhome.

David Coulthard

Er ist einer der angenehmsten Kerle im Zirkus, höflich und gut erzogen mit einem großartigen Humor und einem verschmitzten Grinsen. Ich traf ihn zum ersten Mal in Spa, als mich Jackie Stewart bat, ihn zu untersuchen. Damals fuhr er noch in der Formel 3. Nach einem Unfall war er zwar, so

Jackie, im medizinischen Zentrum untersucht worden, humpelte aber immer noch stark. Obwohl der Start des Formel-1-Rennens unmittelbar bevor stand, hüpfte ich auf den Beifahrersitz von Jackies Roller und fuhr mit ihm zu den alten Boxen.

Nach der Untersuchung meinte ich, dass er sich wahrscheinlich sein Wadenbein gebrochen hatte. „Hat man dich im medizinischen Zentrum nicht geröntgt?" fragte ich.

„Doch", antwortete er, „aber sie meinten, es sei in Ordnung."

„Welches Bein haben sie geröntgt?", wollte ich wissen.

Er überlegte einige Sekunden und meinte dann mit einem verschämten Lächeln: „Das Andere."

Schottische Unschuld und belgische Technologie sind fürwahr keine gute Mischung. Er flog mit Jackie nach Hause, wo der Bruch mittels Röntgenaufnahme bestätigt wurde und bekam einen Gipsverband bis zum Knie.

David rief mich am nächsten Tag an und fragte, ob das wirklich notwendig sei. Kurz darauf zeigte er mir die Aufnahmen. In der Tat handelte es sich um einen einfachen Bruch, so dass ich den Gips entfernte und seine Wade mit Elastplast stabilisierte, damit er nach zehn Tagen wieder Rennen fahren konnte.

David scheint nicht gerade vom Glück verfolgt zu sein. Zwar hat er bisher elf Rennen gewonnen und ist Stammgast in den Punkterängen, doch fehlt noch immer der ganz große Wurf.

Ich würde mich freuen, wenn ihm dies in den nächsten Jahren gelingen würde. Er ist trotz seiner aggressiven Fahrweise eine sanfte Seele. Vor einigen Jahren meinte er, nachdem er in einem Rennen den zweiten Platz belegt hatte, zu Ron Dennis: „Ist es nicht großartig, dass ich Zweiter geworden bin?"

„Nein", antwortete Dennis. „Der zweite Platz bedeutet, dass du der erste Verlierer bist."

Jenson Button

Der junge Brite ist ein neues, ungewöhnliches Talent und dennoch ein erstaunlich gelassener junger Mann. In seinem ersten Jahr in der Formel 1 kam er in den elf Rennen, die er beendete, sechs Mal in die Punkteränge. Sechs Mal gelang ihm das Kunststück, Ralf Schumacher im Qualifying zu schlagen. Für einen Neuling ist das ein beachtliches Ergebnis. Patrick Head und Gerhard Berger berichten, dass es Spaß macht, mit ihm zusammen zu arbeiten, dass er gut zuhört und keine Durchhänger hat. Er flog mit mir zusammen von Budapest zurück und hatte sichtbar mit den Folgen einer durchfeierten Nacht zu kämpfen. Am Renntag war es heiß gewesen und ITV hatte mich gefragt, wieviel Flüssigkeit ein Pilot bei solchen Bedingungen verlieren würde. Zwei Liter seien das Maximum, erklärte ich. Ich fragte Button, ob er die Hitze gespürt hätte. Ja, antwortete er und gab an, dass er drei Kilogramm Gewicht verloren hätte. Daraus folgerte ich, dass Mika Häkkinen vermutlich 3,5 Kilogramm verloren hatte...

In Japan erlebte ich, wie Jenson und sein Vater im Hotel eincheckten. Jenson schleppte einige Hemden und ein Bügeleisen. Ich fragte, was er mit dem Bügeleisen vorhätte und sein Vater antwortete: „Jenson muss seine Hemden selbst bügeln. Das muss er zu Hause auch machen – nicht nur auf Reisen." Offensichtlich ist der junge Mann nicht verzogen worden.

Rubens Barrichello

Dieser liebenswürdige junge Mann hat eben soviel Charme wie fahrerisches Potenzial. Ich traf ihn zum ersten Mal 1993 in Donington am Ende eines sehr nassen Grand Prix von Europa, in dem Senna alle Erwartungen übertroffen hatte. Rubens stand am Rande der Piste, als mein Fahrer Walter Robinson und ich die Strecke abfuhren. Er beklagte sich über

Krämpfe und ich heiterte ihn auf, indem ich ihm erzählte, dass dies auch Sennas Klagen waren. Nach Sennas tragischem Tod 1994 war Rubens untröstlich. Später in jenem Jahr traf ich ihn auf einem längerem Flug und noch immer litt er. Sein eigener Unfall in Imola vor Sennas Tod war Furcht erregend genug, steigerte jedoch nur seine eigene Trauer.

Bevor er im Jahre 2000 bei Ferrari unterschrieb, hatte er dennoch bereits Einiges erreicht. Zweimal stand er auf der Pole Position und belegte 1995 in Kanada im Jordan und 1997 in Monaco auf Stewart jeweils den zweiten Platz. Immer wieder gelangen ihm Plätze in den Punkterängen, obwohl ihm nicht immer das beste Material zur Verfügung stand. Im Nassen gehört er zu den Schnellsten, was für seine fahrerischen Qualitäten und seinen Mut spricht.

Mit Ferrari sicherte er sich in Hockenheim in der Millennium-Saison seinen ersten Grand-Prix-Sieg. Mit 67 Punkten belegte er am Ende den vierten Platz.

Man kann ihn übrigens leicht auf den Arm nehmen. Als er sich einen Schnurrbart stehen ließ, erklärte ich ihm, dass er schneller werden würde, wenn er ihn abrasiere, weil das die Aerodynamik verbessere.

Johnny Herbert

Ich werde Johnny Herberts fröhliche Ausstrahlung auf den Pisten vermissen. Er hatte keine glückliche Saison bei Jaguar. Acht Mal konnte er das Rennen nicht beenden. Sein bestes Ergebnis war der siebte Platz in Österreich. Offensichtlich ist er nie im richtigen Auto zur rechten Zeit. Dennoch gelangen ihm viele Platzierungen und drei Siege. Doch er ist eine gutmütige Persönlichkeit, was sich auch darin zeigt, dass er auf meine Bitte die Schirmherrschaft über eine Theatergruppe für behinderte Kinder in Kent übernommen hat. Trotz seines engen Terminkalenders findet er Zeit, sich die Produktionen anzusehen. Ich glaube fest, dass sein wahres Potenzial niemals entdeckt wurde.

Eddie Irvine

Der Ire ist einer der großartigen Charaktere in der Formel 1. Eddie ist äußerst schnoddrig und relaxt, hat einen beachtlichen Sinn für Humor und eine sehr direkte Art, die ihn nicht überall beliebt macht. Ich muss zugeben, dass ich eine Schwäche für den Burschen habe und es gerne sehen würde, wenn er noch mehr Erfolg hätte. Nach Schumachers Unfall 1999 leistete er Hervorragendes, gewann vier Rennen, wurde zwei Mal Zweiter, drei Mal Dritter und beendete die 17 Rennen 14 Mal unter den ersten Sechs. Am Ende wurde er Vizeweltmeister – nur um zwei Punkte von Mika Häkkinen geschlagen.

Im Millenniums-Jahr kämpfte er mit seinem Jaguar, verlor dabei aber nicht seinen Humor. Als ich vor einigen Jahren mit ihm aus Japan zurück flog, erfuhr ich, dass er inzwischen nicht mehr in Dublin, sondern in Mailand lebte. Auf meine Frage nach dem Warum, meinte er: „Ich fand keine Mädels mehr in Irland, daher sah ich mich in Italien um."

Jacques Villeneuve

Als Pilot muss man nicht viele Worte über Jacques Villeneuve verlieren. Er hat sein Talent bereits früh in der CART-Serie, bei seinem Sieg in Indianapolis und bei Williams 1996 und 1997 gezeigt. Er ist ein Draufgänger mit viel Charakter und Durchsetzungsvermögen. Manchmal zeigt sein Fahrstil allerdings mehr Optimismus, als es die Gesetze der Physik zulassen, doch das kann ihn nicht weiter irritieren. Mitunter habe ich ihn darauf hingewiesen, dass seine Anstrengungen etwas übertrieben wirkten, doch da hat er nur gelächelt und meinte:

„Man muss es einfach so angehen." Er hat eine Leidenschaft, sich die Haare zu färben, so dass man nie weiß, welche Farbe er als Nächste aussucht. Doch ich mag ihn am liebsten blond.

Die anderen Piloten

Ich kenne die jüngeren Piloten nicht so gut wie die oben Erwähnten. Sie bilden ausnahmslos eine bemerkenswerte Gruppe – hoch motiviert, außerordentlich fit und zumeist fröhlich und offen. Unter ihnen gibt es natürlich außergewöhnliche Talente wie Ralf Schumacher, der seinem Bruder nacheifert, und Naturtalente wie Jarno Trulli und Giancarlo Fisichella, obwohl der Letztgenannte seit seinem Unfall in Spa scheinbar etwas an Biss verloren hat. Pedro de la Rosa und Mika Salo haben ebensoviel Potenzial wie Ricardo Zonta, der aber mitunter etwas zu ehrgeizig ist. Senioren wie Jean Alesi und Heinz-Harald Frentzen kämpfen unverdrossen weiter. Alex Wurz und Nick Heidfeld hatten eine enttäuschende Saison. Ich habe Pedro Diniz immer gemocht, dem ich wünsche, dass ihm sein Wechsel aus dem Cockpit ins Management viel Erfolg bringt.

Der FIA-Arztwagen

Die Idee, einen Wagen mit einem ständigen Fahrer auf allen Strecken einzusetzen, stammt von Innes Ireland, der sie mir im Februar 1979 unterbreitete, als wir beide im Hilton von São Paulo wohnten. In einem kurzen Exposé beschrieb er die Vorteile, wenn ein leistungsstarker Wagen mit entsprechendem Fahrer, der stets wisse, was zu tun sei, eingesetzt würde und man nicht jedes zweite Wochenende einen neuen Chauffeur einweisen müsse, wobei die Sprachbarriere auch noch zu überwinden sei. Ich zeigte Bernie das Exposé, der die Idee ebenfalls gut fand, mit der Verwirklichung aber noch warten wollte. „Und überhaupt“, sagte er, „Innes wird dich keinesfalls chauffieren, weil er zu viel Übung mit Unfällen hat.“

Im Laufe der Jahre habe ich in vielen Vehikeln gesessen. Zum Beispiel in einem Rettungswagen, der in Buenos Aires nur bis zur ersten Kurve kam, einem Lastwagen, der in Zolder nur die halbe Strecke schaffte oder in einem rosafarbenen Porsche Cabriolet in Spa, was besonders ungeeignet war, weil es das ganze Wochenende über regnete. Beim Start stand das Wasser auf der Strecke ungefähr zwei Zentimeter hoch, so dass wir vornehmlich über die Piste glitten. Damals gab es noch keinen Start hinter dem Safety Car. Es gab nicht Mal einen Safety Car. Der Wagen wurde meisterhaft von Michel Gilsoul gesteuert, und zum Glück waren die Formel-1-Boliden im Nassen noch nicht so schnell, so dass es keine Zwischenfälle gab. Der Gedanke, was wohl geschehen würde, wenn wir uns in einem offenen Porsche, nur durch unsere Sturzhelme geschützt, überschlagen würden, kam mir kurz in den Sinn.

Selbstverständlich hatte ich auch einige großartige Wagen – einen Ferrari Testarossa beim ersten Rennen in Adelaide mit Frank Gardner am Steuer. Nach einer Runde meinte er, der Wagen habe keine Bremsen mehr. Wilson Fittipaldi chauffierte mich in einem privaten Mercedes in Rio, der allerdings vom Feld eingeholt wurde, nachdem wir bei Thierry Boutsen Station gemacht hatten. Von allen Modellen aus den Häusern Ford, Peugeot, Alfa Romeo, Opel, Jaguar, Renault, Audi, Honda und Toyota gefiel mir der Porsche 911 (mit und ohne Turbo) am besten, obwohl es Schwierigkeiten bereitet, einen Anästhesisten nebst Ausrüstung im Fond unterzubringen. Den 928 mochte ich nicht sonderlich, dafür war der 944, gefahren von Herbert Linge, ganz passabel. Exotische Modelle funktionieren nicht ganz so gut, und in einem Lamborghini, den Jochen Mass fuhr, mussten wir in Monaco einmal den Notausgang beim Hotel Metropole nehmen und im Rückwärtsgang zurück auf die Strecke, weil die Bremsen im Nassen nicht recht arbeiteten. Eine der besten Fahrten in Monaco waren die Runden mit einem Renault-Rallyewagen, den Jean-Pierre Jarier steuerte, obwohl der wenig Platz für die Ausrüstung bot und der Anästhesist nicht mitfahren konnte.

Ich erlebte einige Dreher und Ausritte neben einigen großartigen Piloten – mit Jacky Ickx in Monaco, Phil Hill in Long Beach, Vittorio Brambilla in Monza, mit einem Unbekannten und zum Glück längst Vergessenen in der Rivazza in Imola oder am Ende der Desado do Lago in Interlagos, als wir zu Nigel Mansell unterwegs waren, der einen Trainingsunfall mit Ayrton Senna hatte. Zumeist bin ich jedoch sicher chauffiert worden – von Piloten wie Carlos Reutemann, Andrea Montermini, Chico Serra, Derek Daly, Niki Lauda, Hector Rebaque, Raul Boesel, Rupert Keegan, Jan Lammers, Giovanni Lavaggi, Ricardo Zunino, Walter Robinson, Tim Evans, Gerry Gilbey, Bob Evans oder Marc Duez.

Arturo Merzario saß – mit Stetson – am Steuer, als wir 1997 in Monza zu Ukyo Katayama jagten, der in der Parabolica von der Strecke abgekommen war. Als wir dort eintrafen, fragte Arturo: „Soll ich über den Kies fahren?"

„Sicher", antwortete ich, „wenn du kannst."

Es dauerte nicht lange, und der Mercedes versank im Kiesbett, doch wenigstens musste Katayama nicht weit laufen, um uns zu erreichen. Der Marlboro-Mann Arturo nahm das Ganze leicht und zündete sich eine Zigarette an.

Bei der deutschen ONS kümmerten sich regelmäßig Herbert Linge, Peter Lux, Jürgen Ditzinger und seit kurzem ein Bursche namens Hermann um mich. Ich kenne seinen Nachnamen nicht und wir nannten ihn nur „Herman the German". Er war nicht nur ein guter Fahrer, er versorgte mich darüber hinaus auch noch mit Zigarren. In Barcelona fuhr mich Alfonso, ein guter junger Chauffeur.

Nachdem Max Mosley 1997 die Formula One Safety Group gebildet hatte, die aus ihm, Jean Todt, Bernie Ecclestone, Charlie Whiting, Damon Hill, Jacques Villeneuve, Mika Salo und mir bestand, entschieden wir bei einem Treffen in Silverstone, einen ständigen Fahrer für den Arztwagen einzustellen. Die Wahl fiel auf Oliver Gavin, der diese Aufgabe bis 1999 erfüllte.

Im Juni 1997 vereinbarten die FIA, Bernie und Paddy McNallys Allsport Management mit Mercedes die Lieferung von maßgeschneiderten Safety Cars für alle Grands Prix. Zwei CL 500 sowie zwei Mercedes 500 Kombis und sechs M-Klasse-Modelle machten ihr Debüt ausgerechnet beim französischen Grand Prix, wo sie die bisher eingesetzten Renault-Modelle ablösten. Dies belastete die Beziehungen, die wir mit Renault aufgebaut hatten, und Patrick Faure, Sportchef des Unternehmens, war einigermaßen beleidigt.

Ungefähr eine halbe Stunde vor dem Start traf ich Bernie Ecclestone im Fahrerlager. „Sid“, meinte er, „in meinem Motorhome sitzt der Sportchef von Renault. Er ist ziemlich sauer wegen der Mercedes-Abmachung. Geh’ doch mal hin und erkläre ihm die Hintergrunde.“ Geschickt hatte sich Bernie wieder einmal aus der Verantwortung gestohlen.

Ich ging zu Faure und berichtete ihm die Wahrheit: „In den beiden letzten Jahren waren die zur Verfügung gestellten Laguna unbefriedigend. Einmal explodierte der Motor auf dem Bergaufstück vom Start zum Casino und wir mussten von dort bis zum Loews schleichen, um eine Möglichkeit zu finden, die Strecke zu verlassen. Dann hatte der Laguna einen derart schlechten Grip im Nassen, dass wir dem Feld nicht folgen konnten und am Boxenausgang stehen blieben. Bei diesem Rennen 1996 hatte Schumacher einen Unfall vor dem Tunnel, bei dem er unverletzt blieb. Hätte er eine Verletzung davon getragen, hätten wir ihn wegen des ungeeigneten Wagens nicht erreichen können. Und die Renault Mégane waren zwar laut, fuhren aber nicht schnell genug.“

Patrick Faure war immer noch ein wenig sauer, entschuldigte sich aber und meinte, dass er davon nichts gewusst hätte. Sonst hätte man die Probleme gelöst. Ich meinte, dass es offensichtlich einige Kommunikationsprobleme in seinem Team gab. Er fragte mich dann, ob ich es mir noch einmal anders überlegen würde, wenn er passende Wagen zur Verfügung stellen würde. Ich antwortete, dass es mir leid täte, aber dass wir mit Mercedes nun eine bindende Abmachung hätten. Wir trennten uns freundschaftlich, denn es war Zeit, nun in meinen Wagen zu steigen. Ich vermied es zu sagen, dass der Mercedes 500 Kombi auf mich wartete. Bernie tauchte auf und ich fragte ihn: „War das in Ordnung, Bernie?“ „Gut gemacht“, meinte er und schlug mir auf den Rücken.

In den vergangenen drei Jahren hatten wir wunderbare Autos. Dabei handelt es sich um eine AMG-Version mit speziellen Bremsen, tiefer gelegtem Fahrwerk und einem Hubraum von mehr als fünf Litern. In den ersten beiden Jahren fuhren wir noch mit einer E-Klasse, doch nun haben wir das noch schnellere S-Coupé. Der ehemalige Formel-1-Pilot Alex Ribeiro sitzt hinter dem Lenkrad und zusammen mit Gary Hartstein bilden wir ein gutes und glückliches medizinisches Team. Bei jedem Grand Prix begleitet uns ein Englisch sprechender Anästhesist, um Sprachprobleme mit den Streckenposten auszuschließen. Wir wissen alle, was wir bei einem Unfall zu tun haben und der Fahrer kennt die Rituale der medizinischen Untersuchungen, der Safety-Car-Übungen vor und nach dem Rennen. In den vergangenen Jahren fragte mich Norbert Haug, der Mercedes-Sportchef, regelmäßig, ob ich alles im Wagen habe, was ich brauche.

„Nun, wir haben weder eine kleine Bar noch einen Humidor für die Zigarren.“

Bei einem Abendessen in Monza im Jahr 2000 erzählte ich dem Mercedes-Chef Jürgen Schrempp, gleichfalls Zigarrenliebhaber, diese Geschichte. Als ich auf der Strecke von Indianapolis eintraf, begleitete mich der für den Arztwagen zuständige Ingenieur Peter mit einem breiten Grinsen zu meinem Wagen. Er öffnete die Ablage zwischen den beiden vorderen Sitzen und drückte auf einen Knopf. Heraus kam eine Stahlflasche mit Whisky und eine Kiste mit acht Zigarren – Montecristos, Cohibas, Romeo y Julieta und so weiter. Sie befanden sich in einem Humidor mit Klimakontrolle und einer Anzeige für die Luftfeuchtigkeit. Offensichtlich war hier ein Kenner am Werk gewesen, denn ein professioneller Zigarrenschneider und -anzünder rundete das Ganze ab. Weil es Donnerstag war und kein Training oder Rennen anstand, testete ich den Whisky. Glenmorangie! Sie hatten wirklich an alles gedacht!

Bernie Ecclestone

Fünf Jahre sind vergangen, seitdem ich Bernie erzählte, dass ich ein Buch schreiben wollte, das einige Kommentare über ihn enthalten würde (Triumph und Tragödien in der Formel 1). Er drohte mir mit einem Prozess, wenn ich irgend etwas Nettes über ihn schreiben würde... Ich schickte ihm eine Kopie des Manuskripts, in dem er eine Korrektur vornahm. Ich hatte geschrieben, dass der „Staubsauger"-Brabham seinerzeit verboten worden war, doch er erklärte, dass man ihn zurückgezogen hätte und man deshalb nicht von einem Verbot sprechen könne. Sein Denken ist präzis und sachlich. Vor kurzem war ich mit ihm zusammen in einer Besprechung, bei der viel Zeit mit der Diskussion über den Termin des nächsten Treffen vertan wurde. Am Ende meldete sich Bernie und sagte: „Mr. Chairman, ich kann ein Datum vorschlagen."

„Und welches?"

„Den 1. April, vor der Mittagsstunde."

Während der 22 Jahre, die wir beide zusammen arbeiten, ist er ein zuverlässiger Förderer des Sicherheitsgedankens und meiner Person gewesen. Was aber nicht bedeutet, dass er mich nicht auch gerne auf den Arm nimmt. Einer seiner beliebteren Scherze ist ein deutlich ausländischer Akzent, wenn wir beide telefonieren. Als meine Frau einmal am Telefon war, erkannte sie ihn nicht sofort. Als sie fragte, worum es ging, antwortete er barsch „das geht sie nichts an". Kurz darauf, nachdem er sie weiter verunsichert hatte, meinte er ruhig, „Susan, hier ist Bernie."

In Österreich hatte ich offensichtlich eine Salmonellen-Infektion und fühlte mich nicht wohl. Gary Hartstein und Jean-Jacques Isserman kamen in Bernies Motorhome, wo ich mich ausruhte und schlossen mich an die EKG-Maschine an. Bernie beobachtete die Prozedur interessiert und gespannt. Bevor sie das (negative) Ergebnis analysiert hatten, nahm Bernie die beiden bei Seite und meinte, „wenn er tot ist, holt ihn unter einer Decke heraus und sagt allen, dass ich es bin. Ich verstecke mich für den Rest des Tages – und tauche morgen in meinem Büro auf."

Vor einigen Jahren rief kurz vor meinem Abflug nach Japan ein alter Freund an. „Sag' Sid, er soll nicht nach Japan reisen, weil er dort getötet werden wird." Er erklärte weiter, dass er seit unserem letzten Treffen zum Hellseher geworden sei, die Zukunft vorher sagen könne und eine Erscheinung mich betreffend gehabt habe. Meine Frau, die den Anruf entgegen genommen hatte, gab mir den Hörer und ich lauschte weiter seiner Warnung, dass ich der Geschwindigkeit zum Opfer fallen würde. Ich dankte ihm für seinen Rat, erklärte ihm aber, dass ich trotz eines möglicherweise tödlichen Ausgangs die Reise nicht verhindern könne. Susan entschied sich allerdings, voller Angst, mich zu begleiten. Nach dem Warm-up am Sonntag unterhielt ich mich mit Bernie, als er plötzlich das Thema wechselte. „Ich war überrascht, Susan gestern Nacht beim offiziellen Dinner zu sehen. Sie kommt doch sonst nicht mit nach Japan." Ich erklärte den Hintergrund, und Bernie grinste. „Sie hätte sich keine Sorgen machen sollen. Wir hätten deine Leiche schon zurück bekommen. Immerhin haben wir genügend Container, in denen wir dich hätten unterbringen können."

Auch 1999, als eine Bypass-Operation unvermeidlich war, behielt er seinen Humor. Ich sorgte dafür, dass sich Peter Mills, ein hervorragender Kardiologe, um ihn kümmerte. Die Operation wurde von John Wright, einem brillanten Herzchirurg, im London Chest Hospital ausgeführt. Bernies Bitte entsprechend wurde niemand darüber informiert. Ich verschob meinen Abflug nach Kanada, um am Tag der Operation in London zu sein. Alles verlief zufriedenstellend, so dass ich am 9. Juni nach Kanada aufbrach. Als ich am Donnerstag an der Strecke eintraf, fragten mich viele Menschen nach Bernie und vor allem der Ford-Motorsportchef Martin Whitaker, der für die Motoren des Stewart-Teams verantwortlich war, wollte Genaueres wissen. Ich hielt mich mit Informationen zurück und erzählte, dass sich Bernie in China aufhielt, um einen Grand Prix vorzubereiten. Am nächsten Morgen rief ich im Krankenhaus an, um mich nach seinem Befinden zu erkundigen. Die Schwester am anderen Ende der Leitung sagte, dass man Probleme mit seinem Humor hätte – sie wussten nicht, wann sie ihn ernst nehmen sollten. Nach der Operation hatten zwei Schwestern versucht, die Vakuumpumpen am Ende der aus seinem Brustkorb kommenden Schläuche zu justieren. Als ihnen das nicht sofort gelang, sah ihnen Bernie einige Minuten zu und meinte dann: „Sie scheinen Probleme mit der Ausrüstung zu haben. Soll ich aus dem Bett kommen und euch Mädchen helfen?" Eine der Schwestern rief sofort John Wright an, um ihm zu berichten, dass „Mr. Ecclestone verwirrt sei oder einen Hirnschaden" hätte. „Machen sie sich keine Sorgen. Es ist nur sein Humor." Bernie kam am fünften Tag nach der Operation nach Hause und stand am 9. Juli, einen Monat später, in Silverstone wieder am Rande der Rennstrecke.

Am 16. Juni veröffentlichte die FIA die folgende Presseerklärung:

> FIA-Vizepräsident Bernie Ecclestone hat sich einer erfolgreichen Bypass-Operation unterzogen, die vom Herzchirurgen John Wright und seinem Team im London Chest Hospital durchgeführt wurde.
>
> Bevor Bernie das Krankenhaus heute verließ, beschrieb Mr. Wright die Operation als Routineeingriff und sagte: „Bernie wird innerhalb einiger Wochen mit voller Kraft wieder zurück sein."
>
> Bernie unterzog sich der Operation auf Veranlassung seiner Frau Slavica und des Chefmediziners der FIA, Professor Watkins, der befürchtete, den Eingriff möglicherweise selbst im medizinischem Zentrum während eines Rennens ausführen zu müssen.
>
> (N.B. Jean-Marie Balestre, der Ehrenpräsident der FIA und aktueller Präsident des FIA-Senats hatte sich der selben Operation 1986 unterzogen.)*

*Dies ist die verkappte Mitteilung für „ich werde noch mindestens 13 Jahre weiter machen".

Teil Vier

Die „Golden Oldies“

Jim Clark

Jim Clark war der ruhigste Formel-1-Pilot, den ich jemals erlebt habe. Selbst in der Nacht, nachdem er sich mit seinem Sieg in Monza 1963 seinen ersten Weltmeistertitel gesichert hatte, blieb er ruhig, gefasst und höflich. Zusammen mit Dean Delamont, dem damaligen Motorsportchef des RAC, und mir nahm er das Abendessen im Hotel de Ville in Monza ein – und verabschiedete sich früh, um ins Bett zu gehen. So entkam er dem Klamauk, den das siegreiche Lotus-Team und die BRM-Männer im Restaurant veranstalteten. Zunächst flogen die Brötchen. Dem folgten Saucieren und Teller, bis dann jemand den Bottich mit den Fischen entdeckte, die so auch zu Wurfmaterial wurden. Daraufhin nahm sich die gegnerische Partei das Hummerbecken vor. Als sich schließlich das Restaurantpersonal einmischte, war es Zeit zu gehen...

Ich hatte Jim Clark 1960 und 1961 in Silverstone und Aintree gesehen, als er mit einer unglaublichen Präzision seine Runden drehte. 1962 hatte er die belgischen und britischen Grands Prix gewonnen. Im Oktober schließlich erlebte ich als Mitglied des Ärzteteams seinen Sieg beim amerikanischen Grand Prix in Watkins Glen. Im August belegte er unter unsäglichen Witterungsbedingungen den vierten Platz auf dem Nürburgring. Der Start des Rennens hatte sich wegen eines Erdrutsches verzögert. Am nächsten Tag fuhren Dean Delamont und ich nach Großbritannien zurück. Jims Preisgeld hatten wir unter dem Rücksitz von Deans Wolseley (mit einem Motor von Coventry-Climax) versteckt. Das Rennen hatte Graham Hill trotz eines Furcht einflößenden Trainingsunfalls gewonnen. Sein Lotus war von einer Kamera, die sich von Carel Godin de Beauforts Wagen gelöst hatte, beschädigt worden. Danach saß Graham, am Boden zerstört, in seiner Box. Nach seinem Sieg verbesserte sich seine Laune und er begann seine Rede am Abend bei der Pokalverteilung mit einem kräftigen „Achtung".

Die Verbindung Colin Chapman und Jim Clark brachte Jim 1963 den Titel mit sieben Siegen in zehn Rennen und 1965 mit sechs Siegen in neun Rennen. Von seinen 72 Grands Prix, die er in acht Jahren absolvierte, beendete er 25 als Sieger. 1965 gelang ihm außerdem ein Triumph beim 500-Meilen-Rennen in Indianapolis. Vier Mal hintereinander – von 1962 bis 1965 – siegte er in Belgien.

Jim Clark kam aus Duns in der Region Borders, wo – was für ein Zufall – der Tierarzt, der sich um das Vieh auf dem elterlichen Hof kümmerte, der Vater des Rennfahrerkollegen Innes Ireland war. Als ich in den achtziger Jahren in die Gegend zog, waren seine Fahrübungen auf den verlassenen Straßen noch immer legendär. Die Einheimischen brachten sich in Sicherheit, wenn er unterwegs war. Jim hatte die Schule in Loretto besucht, wo auch meine Stiefsöhne unterrichtet wurden. In der Kapelle erinnert eine Plakette an ihn.

Die Nachricht seines Todes im April 1968 in Hockenheim war ein großer Schock. Bis heute ist die Ursache unbekannt. Ich hielt mich gerade bei einem Kongress für Neurochirurgen in Chicago auf, als ich die fatale Nachricht erfuhr.

Phil Hill

Phil Hill ist einer meiner Lieblingszeitgenossen. Ich habe ihn zwar zum ersten Mal im April 1979 beim Grand Prix der USA in Long Beach getroffen, doch da hatte ich ihn schon seit langem bewundert und verehrt. Als ich 1956 aus Afrika nach Großbritannien zurückkehrte und mich der Grand-Prix-Sport in seinen Bann zog, beherrschten Juan Manuel Fangio und Stirling Moss die Szene. Fangio sicherte sich 1956 und 1957 den vierten und fünften Titel. 1958 arbeitete ich im Radcliffe-Krankenhaus in Oxford und konnte nach Silverstone fahren, wo Moss seinen Vanwall auf die Pole Position stellte. Peter Collins siegte für Ferrari, kam aber beim nächsten Rennen auf dem Nürburgring ums Leben. Währenddessen hatte Phil Hill Sportwagenrennen für Ferrari bestritten und 1958 die 24 Stunden von Le Mans gewonnen. Nun wurde er Mitglied des Formel-1-Teams. Zusammen mit Mike Hawthorn fuhr er im italienischen Grand Prix in Monza. Seine Leistung war begeisternd: Er führte die längste Zeit, fuhr die schnellste Runde, um am Ende hinter Mike Hawthorn den dritten Platz zu belegen. Danach wurde er einen Monat später beim marokkanischen Grand Prix in Casablanca wieder Dritter hinter Mike Hawthorn.

Im darauf folgenden Jahr 1959 belegte er in der Weltmeisterschaft hinter Jack Brabham, Tony Brooks und Stirling Moss den vierten Rang. 1960 schließlich gelang ihm in Italien der erste Grand-Prix-Sieg und die schnellste Runde. In Monaco wurde er Dritter, Vierter in Spa, als Chris Bristow und Alan Stacey ums Leben kamen. In der Weltmeisterschaft belegte er vor seinem Teamkollegen „Taffy" von Trips den fünften Rang.

1961 erlebte ich Phil und von Trips beim britischen Grand Prix in Aintree, wo Phil die Pole Position belegte. Das Rennen gewann jedoch von Trips vor Phil Hill. Beim italienischen Grand Prix führten die beiden Ferrari-Piloten die

Wertung an. Trips hatte 33, Hill 29 Punkte. Von Trips ging von der Pole Position aus ins Rennen. An jenem Tag besuchte ich meine Schwester im Wye Valley, als ich die furchtbare Nachricht aus dem Radio erfuhr. Taffy war in der zweiten Runde ums Leben gekommen, nachdem er angeblich den Wagen von Jim Clark touchiert hatte. Phil Hill siegte und sicherte sich den Weltmeistertitel. 20 Jahre später lud Enzo Ferrari Phil Hill ein, den Arztwagen in Imola auf der Dino-Ferrari-Strecke zu fahren, die nach seinem Sohn benannt ist.

Aus der Nähe erlebte ich Phil Hill zum ersten Mal 1963 in Sebring, als ich dank meiner Eintrittskarte beim Langstreckenrennen direkt über der Ferrari-Box saß. Ich bemerkte, wie energisch und dynamisch der Mann war – ständig redend, gestikulierend und ruhelos durch die Box laufend. Zu jenem Zeitpunkt war er bereits ein angesehener Sportwagenpilot, der drei Mal die 24 Stunden von Le Mans gewonnen hatte. Als ich ihn 1979 dann traf, wurden meine ersten Eindrücke mehr als bestätigt. Er war freundlich, intelligent und direkt, gepaart mit einem Humor, der meinem entsprach. Wir wurden gute Freunde, und im Jahr 2000 erklärte er mir in Indianapolis, dass ich einer seiner Lieblingskumpel sei.

Phil Hill fuhr mich in Long Beach zwischen 1979 und 1983 sowie 1981 in Las Vegas und Imola, was stets ein aufregendes Erlebnis war, weil er beim Start so schnell war. Vor allem in Long Beach mussten wir vorsichtig sein – wenn sich das Feld vor der Schikane am Shoreline-Drive versammelte –, um die Hinterbänkler nicht einzuholen. Einmal fragte er mich kurz vor dem Start in Long Beach, ob ich nervös sei. Auf mein „Nein“ lachte er und antwortete: „Du Bastard, du machst das alle zwei Wochen und ich einmal im Jahr.“ Dennoch war er sehr gut.

Er taucht immer wieder bei einigen Rennen in Europa auf, kommt aber regelmäßig nach Monza. Wann immer möglich ziehen wir uns in Karl-Heinz Zimmermanns Motorhome zurück, wo wir uns bei einem Glas Rotwein unterhalten. Wenn die Gelegenheit günstig ist, „stehle" ich die eine oder andere Runde auf der Strecke mit Phil Hill hinter dem Lenkrad des Arztwagens. Er erzählt gerne von den starken Vibrationen der alten Formel-1-Boliden in der Curva Grande oder den Lesmo-Kurven oder dem Gefühl, wenn man durch die alte Steilkurve fährt, die so steil ist, dass man dort kaum laufen kann. Im Jahr 2000 erzählte er von der Two Worlds Trophy 1958, als die Indycars gegen die europäischen Monoposti antraten. Um mit den Indycars auf Grund ihrer Auslegung in Monza überhaupt fahren zu können, musste gegen den Uhrzeigersinn gestartet werden, so dass diese Steilkurve noch schwieriger wurde.

In seinem Buch „Motor Racing Today" (1961) beschreibt Innes Ireland seinen Kollegen Phil Hill als einen in sich gekehrten, nervösen, sich ständig Sorgen machenden Mann, der aber auch ernsthaft war, eiskalte Nerven hatte und einen trockenen Humor besaß.

Das kann ich nur bestätigen.

Stirling Moss

Ich habe Stirling Moss während seiner aktiven Zeit als Rennfahrer nie persönlich kennen gelernt. Erst seitdem ich für Bernie Ecclestone arbeite, sind wir Freunde geworden. Zum ersten Mal erlebte ich ihn während meiner Ausbildung in Oxford, als ich ein Rennen in Silverstone besuchte. Es war ein faszinierender Anblick, wie er seinen Aston Martin DB4 durch die alte Woodcote-Kurve zwang. Diese Stelle war ein wunderbarer Ort, um die Boliden in Aktion zu beobachten. Wegen der modernen Anforderungen an eine Rennstrecke ist sie seitdem vollkommen umgebaut worden. Wenn man die Kurve heute sieht, kann man sich ihre Ausstrahlung in der

Vergangenheit nicht mehr vorstellen. Für mich und die meisten anderen jungen Männer in Großbritannien war Stirling Moss ein Held.

Einer der großartigsten Momente, an die ich mich erinnere, ereignete sich beim britischen Grand Prix in Aintree. Stirling jagte bei furchtbarem Regen die Start- und Zielgerade herunter und bremste stark vor der ersten Kurve. Dabei drehte er sich um 360 Grad, um anschließend scheinbar unbeeindruckt durch die Kurve zu jagen. Mit angehaltenem Atem wartete ich auf seine nächste Durchfahrt, gespannt, ob er nun etwas vorsichtiger fahren würde. Doch er war genauso schnell, nur dass er dieses Mal nicht die Kontrolle über seinen Wagen verlor, was ihm den Applaus der Tribüne einbrachte, den er wiederum mit erhobener Hand entgegen nahm.

Als ich ihn schließlich kennen lernte, entdeckte ich, wie viel Spaß es machte, mit ihm zusammen zu sein. Ende der fünfziger Jahre hatte ich diesen Charakterzug bereits einmal erlebt, als er zusammen mit Innes Ireland in Silverstone an einem Mini-Rennen teil nahm. Beim Start ließen sich die beiden zunächst zurück fallen, um dann eine Verfolgungsjagd zu starten. Natürlich siegten sie am Ende, doch dann zeigten sie dem Publikum einige Jubeldreher, was den Leuten natürlich ganz besonderen Spaß machte. Das brachte ihnen auf der anderen Seite allerdings einen kräftigen Rüffel der Rennleitung ein.

Anfang 1962 war ich als Zuschauer in Goodwood, als Stirling Moss den Unfall hatte, der seine Karriere in der Formel 1 beendete. Als das Rennen abgebrochen wurde, senkte sich bei der Mitteilung, dass er verunglückt und verletzt sei, Stille über die Tribünen. Wir alle applaudierten, als wir über die Lautsprecher erfuhren, dass sein Zustand befriedigend sei und dass er eine Mitteilung an seine Mutter geschickt hätte, dass sie sich keine Sorgen um ihn machen solle. Im weiteren Verlauf des Tages erkannten wir jedoch die Schwere seiner Verletzungen, als mitgeteilt wurde, dass er bewusstlos und mit schweren

Verletzungen an Arm und Bein in die neurochirurgische Abteilung des Atkinson-Morley-Hospitals eingeliefert worden war. Wylie McKissock, der für Stirling verantwortliche Neurochirurg, verkündete dann, dass Stirling Moss wirklich ernsthaft verletzt sei, niemals wieder einen Rennwagen fahren würde und dass dies die letzte Mitteilung aus dem Krankenhaus sei.

Einige Zeit danach erfuhren wir, dass sich Stirling Moss zum Glück gut erholte. Später erschien er per Hubschrauber bei einem Rennen in Oulton Park. Als er über die Strecke lief, brandete unter den Zuschauern großer Applaus auf. Im Jahr zuvor hatte er die Rennen in Monte Carlo und auf dem Nürburgring gewonnen. Während seiner Karriere startete er in 66 Grands Prix, gewann 16, wurde fünf Mal Zweiter und zwei Mal Dritter. Er erreichte 16 Mal die Pole Position und fuhr 20 Mal die schnellste Runde. Niemals wurde er Weltmeister, dafür belegte er vier Mal hintereinander den zweiten Platz – drei Mal hinter Fangio und ein Mal hinter Mike Hawthorn.

Tests nach seiner Verletzung machten ihm klar, dass er in der Formel 1 tatsächlich keine Chance mehr hatte, so dass er sich danach in anderen Rennserien engagierte. Angeblich hatte er bereits sechs Monate nach seinem Unfall wieder Testfahrten unternommen, was unter neurochirurgischen Aspekten wahrscheinlich zu früh war. Zwei der bekanntesten Motorsport-Autoren, Nigel Roebuck und Maurice Hamilton, haben ihn als Nummer Eins unter den zehn besten Formel-1-Piloten aller Zeiten eingestuft.

Von Dean Delamont erfuhr ich, dass Stirling sogenannte Gadgets liebt. Bei einer Abendeinladung von Stirling und seiner Frau Susie wollte ich heraus finden, ob dies tatsächlich zutraf. Und tatsächlich – ein Gadget im Moss'schen Haushalt beeindruckte mich ganz besonders: eine riesige, elektrisch angetriebene Pfeffermühle mit integrierter Taschenlampe, so dass man stets sehen konnte, wie der Pfeffer auf die Speisen fiel. Ich mochte das Ding so sehr, dass er mir eins schenkte. Noch heute benutze ich es.

Ich – wie der Rest des Königreichs – waren zutiefst erfreut, dass er Ende des Jahres 2000 in den Adelsstand erhoben wurde.

Innes Ireland

Ich traf Innes Ireland zum ersten Mal Anfang der sechziger Jahre in einem Café in Watkins Glen. Zuvor hatte ich ihn bereits auf der Piste in Silverstone, Goodwood und Aintree beobachtet. Ich bewunderte ihn als mutigen Piloten und abenteuerlustigen Mann. Einige seiner Eskapaden waren mir von Dean Delamont berichtet worden. Innes war der Sohn eines Tierarztes, der allerdings mit trockenen Studien nichts anfangen konnte und sich statt dessen ganz dem Motorsport verschrieb.

In Aintree stand Innes einmal in der Startaufstellung, umgeben von zahlreichen Menschen, darunter auch einigen gut aussehenden jungen Damen. Dafür hatte er immer ein Auge und unternahm daher auch noch kurz vor dem Start alles, um ihre Aufmerksamkeit zu gewinnen.

Später erzählte er mir, wie er einmal abends in einem Restaurant saß und dort eine hübsche junge Frau entdeckte, die offensichtlich alleine am Tisch saß. Allerdings war die andere Hälfte des Tischs durch eine dicke Säule verdeckt. Innes rief einen Kellner, der dieser Dame eine kurze Notiz überbringen sollte. „Wenn sie mit mir ins Bett gehen wollen, drehen sie sich bitte um und lächeln", war die kurze Mitteilung. Die Frau lächelte, doch dann sah Innes eine gewaltige Hand, die hinter der Säule auftauchte und den Zettel in die Hand nahm. Einige Momente später stand ein Mann an seinem Tisch, den Innes als zwei Meter groß und mindestens 150 Kilo schwer beschrieb, und verlangte eine Entschuldigung, die „ich gerne aussprach, nachdem ich mich von seiner Größe und Stärke überzeugt hatte."

Ich glaube, es war 1963 in Sebring, als man Innes einen Rückflug in einem Privatflugzeug angeboten hatte. Er willigte ein, hatte nun aber ein Problem. Er hatte einen Mietwagen von Hertz, den er eigentlich noch zurück bringen musste. Damals hatte Hertz einen Werbeslogan, der versprach, dass man einen Wagen „hier übernehmen und dort wieder abgeben" konnte. Innes entschied sich, die Werbung zu testen. Er fuhr den Wagen über den Hotelrasen, ließ sich im letzten Moment herausfallen, um zu sehen, wie das Auto im Swimmingpool versank. Dann rief er Hertz an: „Ich habe den Wagen in Miami übernommen und ich habe ihn im Swimmingpool des Sebring Motel abgestellt." Zur Abholung tauchten die Hertz-Leute mit einem Kamerateam auf, um fest zu halten, wie der Wagen mit einem Kran aus dem Wasser geholt wurde. Innes war ein wenig angesäuert, als ich ihm erzählte, dass Hertz seine Aktion in einem Werbespot benutzte. „Und ich habe keinen einzigen Penny dafür bekommen."

Nachdem er sich aus dem Motorsport zurückgezogen hatte, wechselte er in den Journalismus und schrieb ein Buch über seine Anfänge (All Arms and Ellbows), in dem er über seine zahlreichen Unfälle und die wundersamen Genesungen danach berichtete. Seine Rehabilitationsmethode war ziemlich neuartig und bestand zum großen Teil aus Zigarren und Whisky.

Während seiner Zeit bei *Road and Track* verbrachten wir viel Zeit miteinander. Einmal in São Paulo hatten wir so viel Spaß, dass Innes, als ich versuchte, ihn am anderen Morgen aus seinem Zimmer zu holen, schlicht meinte, dass er nicht aufstehen und zur Strecke kommen könnte. Ich sollte doch bitte genau aufpassen und so schnell wie möglich nach dem Rennen zu seinem Zimmer zurückkehren, damit er seine Geschichte für die Zeitschrift schreiben konnte.

Er war ungeheuer stolz, den ersten Grand Prix der USA in Watkins Glen für Lotus im Jahre 1961 gewonnen zu haben und ebenso beleidigt, als ihn Colin Chapman kurz darauf feuerte. Danach hatte er Probleme, einen konkurrenzfähigen Rennstall zu finden. In zwei weiteren Rennen wurde er Zweiter, dann einmal Dritter, vier Mal Vierter und Fünfter und zwei Mal Sechster. Angesichts seines sagenhaften Mutes und Fahrstils war es überraschend, dass er nicht erfolgreicher war, doch er hatte auch viele Unfälle. Einige Jahre später schrieb er als Widmung in mein Exemplar von „All Arms and Ellbows“: „Mist, ich hätte dich 20 Jahre früher kennen sollen, als ich dich häufiger benötigte.“

Natürlich sah er sich auch auf der Landstraße als rasanter Pilot. Einmal trafen wir uns in Spa, als wir nach dem Rennen aus dem Fahrerlager heraus fuhren. Er fragte mich, auf welcher Fähre ich gebucht hätte.

„Die um acht Uhr“, antwortete ich.

„Ich auch, seh' dich dann.“

Er fuhr voraus und wählte den Weg über die Strecke, die durch starken Verkehr, an überfüllten Parkplätzen vorbei und durch einige Dörfer in einem langen Stau auf die Autobahn führte. Ich hatte einen anderen Weg heraus gefunden, der mich über eine Landstraße an Lüttich vorbei auf die Autobahn nach Calais brachte. Daher traf ich dort einige Zeit vor der Acht-Uhr-Fähre ein. Ich stand mit meinem Porsche 911 fast in der ersten Reihe der Schlange. Ungefähr 20 Minuten später schlenderte Innes an der Autoschlange vorbei und sah mich verblüfft an, als er mich so weit vorne entdeckte. „Wie verdammt noch mal hast du es so schnell hierhin geschafft?“

„Mit meiner üblichen Geschwindigkeit, Innes.“

„Nun, es gab keine Möglichkeit, dass du mich überholen konntest.“

„Und wie bin ich 20 Minuten vor dir hier angekommen?“

Ich habe ihm das Geheimnis nie verraten. Er war ein wenig

beleidigt, doch dann habe ich ihn zum Abendessen auf der Fähre eingeladen, bei dem wir wie immer viel Spaß hatten, obwohl er immer noch seinen Kopf ungläubig schüttelte.

Als wir in Dover die Fähre verließen, fuhr er wie der Teufel Richtung London, doch er konnte mich nicht abschütteln.

Einige Jahre später besuchte er mich in meinem Haus in Belmont, weil er vor dem Motorsportclub der Loretto Schule in Musselburgh einen Vortrag halten musste. Als wir meinen Jaguar XJS V12 bestiegen, meinte er: „Ich hoffe, du fährst damit vorsichtig." „Natürlich", antwortete ich und entsprach seinem Wunsch.

Nach dem Dinner mit den Jungs hielt Innes seinen Vortrag, in dem er auf seine einmalig lustige Art und Weise Anekdoten aus seiner aktiven Zeit zum Besten gab, die nicht einmal ich kannte. Als wir später bei einem Whisky zusammen saßen, gestand er mir, dass er Gesundheitsprobleme hatte. „Die verdammte Pumpe." Ich war unendlich traurig, als ich 1993 beim Grand Prix von Japan erfuhr, dass er einige Tage zuvor an Krebs gestorben war.

Jackie Stewart

Neben meiner Familie gab es nur zwei Menschen, die mich einfach so, ohne besondere Notwendigkeit, anriefen: Ayrton Senna und Jackie Stewart. Im Allgemeinen haben Telefonanrufe einen ganz bestimmten Zweck, doch die Beiden riefen mich an, um einfach nur Hallo zu sagen. Sie hatten auch andere Eigenschaften gemeinsam: präzises Denken, eine alles überragende Motivation für ihren Sport, ungeheures fahrerisches Talent, Ehrgeiz und offensichtliche Furchtlosigkeit in einem Grand-Prix-Boliden.

1973 besuchte ich den Grand Prix von Monaco zusammen mit meinem damaligen Chef Valentine Longue. Wir wohnten im Metropolitan Hotel. Unsere Sitze für das Training befanden sich am Casino-Platz, wo die Formel-1-Monoposti in Richtung Tribüne beschleunigen. Ich erinnere mich noch an die gewaltige Geschwindigkeit, mit der Jackie Stewart in seinem Tyrrell diesen Streckenteil nahm und sich die Pole Position sicherte.

Auch im Rennen, das wir von unseren Plätzen in der Nähe der Fürstenloge auf der Start- und Zielgeraden aus beobachteten, war er pfeilschnell in Richtung Ste. Dévote unterwegs und raste zum Sieg. Sein Teamkollege François Cévert wurde Vierter. Jackie war bereits 1969 und 1971 Weltmeister gewesen. In beiden Jahren hatte er sechs Rennen gewonnen. 1973 siegte in fünf Grands Prix, war zwei Mal Zweiter, ein Mal Dritter und jeweils zwei Mal Vierter und Fünfter. In zwölf von 14 Rennen war er in den Punkten. Beim letzten Rennen, dem 15., trat er wie sein Team nicht an, weil François Cévert im Training ums Leben gekommen war. Doch da war er ohnehin schon Weltmeister.

Cévert hatte die schönsten und fast schon hypnotisch blauen Augen, die ich jemals bei einem Mann gesehen hatte. Er war extrovertiert und es machte ihm nichts aus, seine Blase vor der Haupttribüne zu entleeren, wie er es 1973 in Silverstone tat. Die Männer feuerten ihn an, während die Frauen nach Luft rangen, als er seine Hose öffnete. Sein Tod hatte einen nachhaltigen Effekt auf Jackie. Später erzählte er mir, dass er sich bereits vorgenommen hatte, am Ende der Saison zurückzutreten. Das Unglück festigte seinen Entschluss nur noch mehr.

Ken Tyrrell, für den Jackie fuhr, erzählte mir, dass Jackies herausragende Fähigkeit als Rennfahrer darin bestand, den Wagen genau zu analysieren. Bei den Tests stellte er ihn oftmals mit einem kurzen Kommentar oder einer Klage in der Box ab. Auch wenn es mitunter dauerte, bis der Fehler gefunden war, lag er meistens richtig. Ken berichtete, dass Jackie einmal in Monaco in der Aufwärmrunde feststellte, dass seine hinteren Bremsen nicht mehr funktionierten. Dennoch beendete er dank seiner einmaligen Beherrschung der Technik das Rennen. Ich erinnere mich an seine Konzentrationsfähigkeit vor dem Training oder Rennen. Seine Augen starrten ins Nichts und er selbst nahm von dem, was um ihn herum geschah, nichts wahr.

Zwar hatte ich ihn bereits in den sechziger Jahren in Watkins Glen und Silverstone getroffen, doch Freunde wurden wir erst, als ich 1978 für Bernie Ecclestone als Arzt der FOCA (Formula One Constructors' Association) zu arbeiten begann. Seitdem hat er mir immer bei der Durchsetzung von Sicherheitsmaßnahmen geholfen. Er hat einen unwiderstehlichen Humor, vor dem man sich mitunter in Acht nahmen muss, und einen schier unerschöpflichen Vorrat an Anekdoten. Er liebt vor allem die Geschichte, als er 1966 in Spa von der nassen Strecke abgekommen war und ohnmächtig unter seinem BRM lag. Graham Hill holte ihn heraus, zog seinen Overall und die Unterwäsche aus, weil alles voller Benzin war und machte sich dann auf den Weg, Hilfe zu holen.

Als er aufwachte, stellte Jackie fest, dass sich drei Nonnen um ihn kümmerten. Die Erste meinte, sie hätte nicht gewusst, das Männer so ein Ding hätten. Die Zweite erklärte, dass sie davon gehört hätte, aber noch nie eines gesehen hätte, und die Dritte schließlich erklärte, dass sie schon mal so etwas gesehen hätte aber nicht mit derartig enormen Abmessungen. Sie sprachen zwar flämisch oder französisch, doch offensichtlich ist Jackie sprachbegabter als ich dachte. Für seinen 60. Geburtstag ließ ich eine Karte einrahmen, auf der drei Nonnen über einen lebenden und mehr als stolzen Jackie Stewart springen. Er bedankte sich und behauptete, dass er nicht gut genug weggekommen sei.

Seit vielen Jahren arbeiten wir zusammen für viele Wohltätigkeitsorganisationen. Jackie hat bei fast allen Golfturnieren in Silverstone zugunsten der *British Brain and Spine Foun-*

dation zusammen mit seinem Sohn Paul teilgenommen. Wie viele andere Formel-1-Piloten ist er ein hervorragender Golfer.

Im Juni 2000 waren Jackie und ich zu einem Military-Turnier eingeladen, um den Verantwortlichen mit Rat und Tat in Sachen Sicherheit zur Seite zu stehen. Die Todesrate in diesem Sport ist erschreckend hoch. 1999 waren weltweit neun Reiter zu Tode gestürzt. Wir besuchten das Turnier in Branham und teilten den Veranstaltern danach unsere Meinung über Hindernisse, Schutzhelme und Körperschutz mit.

Wir hoffen nun, dass man die Änderungen auch durchführt, um so vor allem die Jugendlichen in diesem Sport zu schützen. Nach 42 Jahren als Neurochirurg antworte ich auf die Frage nach dem gefährlichsten Sport immer: „Pferdesport – in allen Varianten."

Jack Brabham

Ich traf Jack Brabham zum ersten Mal 1962, als ich mit Dean Delamont in einem Restaurant in der Nähe von Adenau zusammen zu Abend aß. Er kam vom Nebentisch und begann unsere Pommes Frites zu klauen. 1960 war er mit Siegen in den Niederlanden, Belgien, Frankreich, Großbritannien und Portugal Weltmeister geworden und hatte seinen Titel aus dem Jahr 1959 verteidigt. In jenen Jahren fuhr er noch für Cooper-Climax. Doch 1962 saß er in einem Brabham-Climax.

Jack ist ein wunderbar lässiger Typ, der von 1955 bis Ende 1970 in der Formel 1 unterwegs war. Dean Delamont kannte ihn gut und berichtete von Brabhams ungeheurer Gelassenheit. Einmal stellte er bei der Landung fest, dass sein Flugzeug über keine Bremsen mehr verfügte. Bevor er über die nasse Landebahn hinaus schoss, vollführte er einen seiner Rennfahrertricks und produzierte einen Dreher, so dass der Flieger noch auf der Landebahn zum Stillstand kam. Ohne Kommentar verließ er die Maschine. Als er ein anderes Mal mit Delamont unterwegs war, verlor Jack die Kontrolle über den Wagen, der durch eine Hecke raste und auf einem Feld stehen blieb. Ohne ein Wort zu sagen, verließ er das Auto und ging seiner Wege.

1966 sicherte er sich mit einem Brabham-Repco als erster Pilot in einer Eigenkonstruktion erneut den Titel. In jenem Jahr siegte er vier Mal in Frankreich, Großbritannien, den Niederlanden und Deutschland. 38 Mal stand er in der ersten Reihe der Startaufstellung, 13 Mal davon auf der Pole Position.

Ich treffe ihn häufig seit seinem Ausscheiden aus der Grand-Prix-Szene in Silverstone und natürlich in Australien. Er und Frank Gardner sind eng befreundet, so dass ich immer bestens informiert bin. Obwohl er sich aus dem Rennsport zurückgezogen hat, ist er immer wieder für kurze Auftritte auf Rennstrecken unterwegs und nimmt auch mitunter an Rennen teil. Als er 1999 beim Goodwood Revival Meeting mit Jackie Oliver fuhr, hatte er einen schweren Unfall, bei dem er Verletzungen an Brust und Rücken davontrug. Nachdem mir Jackie Stewart von dem Unfall berichtet hatte, rief ich den für Jack verantwortlichen Chirurgen an, der mir versicherte, dass er in Ordnung sei. Als ich ihn im Jahr 2000 in Australien traf, fragte ich ihn, ob er sich vollständig erholt habe. „Ich hatte danach noch einen anderen schweren Unfall", sagte er fröhlich. Glücklicherweise war er dabei unverletzt geblieben.

Graham Hill

Graham Hill war einer der geistreichsten Grand-Prix-Piloten und gleichzeitig ein erfahrener Redner, der es mit Jackie Stewart aufnehmen konnte. Die beiden liebten es, sich gegenseitig auf den Arm zu nehmen. Ich erinnere mich an eine Gelegenheit, als Graham Hill (den klein gewachsenen) Jackie mitten in dessen Rede unterbrach und ihn aufforderte aufzustehen, wenn er eine Rede hielt. „Ich stehe schon auf meinen Zehenspitzen“, antwortete Jackie. Bei Feiern konnte es durchaus geschehen, dass sich Graham seiner Hose entledigte und zur allgemeinen Belustigung auf den Tisch stieg.

Anfang der sechziger Jahre nahm er an einem Seminar über Rennsportmedizin bei der *Royal Society of Medicine* in London teil, an dem ich auch dabei war. Nachdem er unsere Vorlesungen über Blutdruck, Pulsfrequenz und Temperaturwechsel verfolgt hatte, brachte er die Runde komplett durcheinander, als er vollkommen ernst nach den physiologischen Effekten des Vierpunktgurtes fragte, der, so seine Ausführungen, seine Libido negativ beeinflusste. Eine passende Geschichte – dachte sich das Auditorium.

Seine Karriere in der Formel 1 erstreckte sich über einen langen Zeitraum von 1958 bis 1975 oder 176 Grands Prix. Er stand 42 mal in der ersten Reihe und kam bei 60 Rennen in die Punkte. Davon siegte er in 14 Grands Prix, war 15 Mal Zweiter und sieben Mal Dritter. Die Weltmeisterschaft gewann er 1962 und 1968. Fünf Mal gelang ihm in Monaco ein Sieg. 1966 siegte er zudem beim 500-Meilen-Rennen in Indianapolis. In jenen Jahren beschränkten sich Formel-1-Piloten nicht alleine auf Grands Prix, sondern starteten auch bei Sport- und Tourenwagenrennen. Das Publikum genoss die Auftritte von Stirling Moss, Innes Ireland, Jim Clark, Roy Salvadori und Graham Hill in diesen Veranstaltungen. 1973 gelang dem 43-jährigen Graham Hill noch ein Sieg in Le Mans.

Ich erinnere mich noch gut an Hills Selbstbeherrschung in Watkins Glen 1965, als er 36 Jahre alt war, ein 26 Jahre alter Schotte namens Jackie Stewart gerade zu BRM gestoßen war und in Monza vor Graham gewonnen hatte. Jackie versuchte ihn herauszufordern, indem er in der Boxengasse verkündete, dass er besser als Graham Hill sei. Graham holte die Pole Position und siegte im Rennen.

Gegen Ende seiner Karriere, als er wie auch Jack Brabham die hinteren Regionen der Startaufstellungen kennen lernte, meinte er: „In unserem Teil der Startaufstellung steht die angenehmere Klasse.“

Im Oktober 1969 hatte er einen üblen Unfall in Watkins Glen, bei dem er sich beide Beine brach. Er schaffte es jedoch zum Rennen nach Kyalami in Südafrika im darauf folgenden März. Trotz der Schmerzen in seinen Beinen kam er auf den sechsten Platz. 1975 zog er sich zurück und kümmerte sich um sein Embassy-Team, in dem Tony Brise fuhr. Leider kamen er und Brise im November 1975 ums Leben, als das von ihm gesteuerte Flugzeug auf dem Rückflug von Südfrankreich kurz vor London abstürzte.

Jody Scheckter

Neben Ayrton Senna stand ich Jody Scheckter unter den Piloten am Nächsten. Nach seinem Ausscheiden 1980 und seinem Umzug in die USA sah ich ihn seltener, doch hin und wieder tauchte er bei Rennen auf, um mich auf den Arm zu nehmen.

Ich hielt es damals für eine kluge Maßnahme, sich mit 30 Jahren aus dem Sport zu verabschieden und eine neue Karriere zu beginnen. Jetzt sind seine Söhne dabei, und ich sah Jody bei den Rennen im Jahr 2000 wieder, weil sein Sohn Tomas in der Formel 3000 fährt. Ich glaube, es war in Spa, als Tomas während des Trainings und des Rennens einige Ausflüge ins Kiesbett einlegte. Als ich ihn mit dem Arztwagen einsammelte, meinte er, dass er sich nicht sonderlich auf die Standpauke seines Vaters freute. Ich versorgte den Filius mit einiger Munition: Ich beschrieb zum Beispiel den Start in Monza im Jahr 1978, wo Jody in der Aufwärmrunde zum zweiten Start die Absperrungen in der Lesmo-Kurve derartig zerstört hatte, dass der dritte Start so spät erfolgte, dass das Rennen wegen drohender Dunkelheit abgebrochen werden musste...

In meinem ersten Buch „Triumph und Tragödien in der Formel 1“ berichtete ich darüber, dass Jody Scheckter 1973 beim britischen Grand Prix einen Unfall in der Woodcote-Kurve in Silverstone verursacht hatte. Unter dem entsprechenden Foto erregte die Bildunterschrift den Unmut unserer Juristen, die einen Prozess fürchteten. Ich rief daher Jody an, der lediglich meinte, „wenn du das über mich sagst, Professor, wird es wohl zutreffen.“ Ich erwähnte dann die Befürchtungen der Juristen, und man kann sich leicht vorstellen, was er von ihnen hielt.

Sein bestes Jahr war 1979, als er für Ferrari mit einem Sieg in Monza vor seinem Teamkollegen Gilles Villeneuve die Weltmeisterschaft holte. Italien lag ihm zu Füßen.

Jody fuhr seinen ersten Grand Prix 1972 in Watkins Glen für McLaren. Er nahm an 112 Rennen teil, von denen er 53 in den Punkterängen beendete. Eine durchaus beachtliche Konstanz. Zehn Mal siegte er und stand insgesamt 33 Mal auf dem Podium. Am Anfang seiner Karriere hatte ich Zweifel, ob er es schaffen würde sich durchzusetzen, doch er reifte dann zu einem soliden Fahrer heran.

Auch im Straßenwagen war er ziemlich schnell. Ich erinnere mich an einen einmaligen Trip von Long Beach zum Flughafen in Los Angeles am Montag nach dem Rennen 1980. An jenem Morgen hatte ich noch Clay Regazzoni im Krankenhaus besucht, so dass wir etwas spät dran waren. Als wir uns Los Angeles näherten, schien uns ein riesiger Stau zu bremsen, doch der wenig beeindruckte Jody entdeckte eine bis dato unbekannte zusätzliche Spur neben dem Asphalt, so dass wir den Flug erreichten.

Ich werde ihm immer dankbar für seine Unterstützung in den Fragen der Sicherheit sein, als er noch Präsident der Grand Prix Drivers’ Association war. Die Treffen, an denen ich teilnahm, verliefen alle ziemlich lautstark, wenn Jody, Didier Pironi oder Eddie Cheever das Wort ergriffen. Bei einem

Treffen in Südafrika wurde ich aufgefordert, Professor Christiaan Barnard in das Ärzteteam aufzunehmen. Ich musste dann erklären, dass wir uns das Honorar des weltberühmten Mediziners nicht leisten könnten, selbst wenn er sich drei Tage lang aus seiner Praxis verabschieden könnte.

Jody war auch großartig bei den Briefings vor den Rennen am Sonntagmorgen nach dem Warm-up. Wenn strittige Punkte erörtert wurden, war er immer sehr direkt. Das Ego von zahlreichen Verantwortlichen war schon nach kurzen Zusammentreffen mit Jody stark beschädigt.

Mario Andretti

Eine der größten Gesten in Anerkennung meiner Arbeit im Motorsport gelang Mario Andretti, als er mich für den *Mario Andretti Award for Excellence in Medicine* vorschlug. In einem Telefonanruf erfuhr ich von der Auszeichnung, die mir 1996 in Detroit vor dem CART-Rennen überreicht werden sollte. Ich bekam eine wunderschöne silberne Paul-Revere-Schale mit passender Inschrift. In meiner kurzen Ansprache neckte ich Mario ein wenig in der Art, die er mag. Danach fuhr er uns zu einem Dinner in einem ausgezeichneten Restaurant. Noch immer war er im Renntempo unterwegs, wie er uns auf dem Weg zum Essen bewies.

Ich habe Mario vom ersten Moment an, als wir uns im Kontrollturm von Brands Hatch trafen, gemocht. Bernie Ecclestone hatte mich eingeladen, die Formel-1-Piloten zu treffen, nachdem ich zum FOCA-Arzt ernannt worden war. Mario ist ein großartiger Botschafter des Motorsports – nachdenklich, beredt, sanft und höflich. Seine Höflichkeit und sein ausgezeichnetes Benehmen nehmen alle in Bann. Dennoch kann er problemlos in eine Sprache wechseln, die jeden Landser erröten lässt. Ich sah ihn zum ersten Mal im Fernsehen beim 500-Meilen-Rennen in Indianapolis. Als sein Wagen versagte, stieg er aus und versetzte ihm einen Tritt. Er dementiert das bis heute allerdings auf das Heftigste, so dass mich mein Gedächtnis vielleicht betrügt. Doch was für ein Pilot! In seinem ersten Grand Prix 1968 in Watkins Glen stellte er seinen Lotus auf die Pole Position. 1978, als er die Weltmeisterschaft gewann, gelang ihm das acht Mal. Er fuhr zwischen 1968 und 1982 in der Formel 1 und elektrisierte 1982 ganz Italien, als er den Ferrari in Monza auf die Pole Position platzierte. Er war aus dem Ruhestand zurückgekehrt, um den verletzten Didier Pironi zu ersetzen. Hinter Patrick Tambay belegte er den dritten Platz im Rennen. Der Franzose wiederum hatte Gilles Villeneuves Platz nach dessen tödlichem Unfall in Zolder im Mai eingenommen. Als Mario auf dem Flughafen von Mailand eintraf, wurde sein Flugzeug von einer großen Menge Tifosi erwartet, vor denen er die Arme samt Victory-Gruß erhob. Er wurde wie ein Papst oder König empfangen. Seine insgesamt 128 Grands Prix beendete er 36 Mal unter den ersten Sechs, wobei er 24 Mal in der ersten Reihe stand. Daneben siegte er 1969 in Indianapolis und holte sich als 44-Jähriger 1984 den CART-Titel. Einmal war ich sauer auf ihn, als er beim Start in Jacarepagua mit einem Dreher eine Kollision und einen Neustart verursachte. Ich hatte gehofft, so wenig Zeit wie möglich im Arztwagen zu verbringen, weil ich stark unter Montezumas Rache litt...

Ich erinnere mich nur an eine Verletzung Andrettis. Im August 1981 landete er beim niederländischen Grand Prix in Zandvoort gegen Ende des Rennen in den Leitplanken. Er prellte sich sein Bein und hatte Schmerzen im Rücken, doch das erschien uns nicht weiter tragisch, als er uns in seiner typisch lakonischen Art seine Verletzungen schilderte. Beim nächsten Rennen in Italien erzählte er mir, dass Röntgenaufnahmen in den USA einen gebrochenen Lendenwirbel ergeben hätten. Doch das war, so Mario, „okay".

Beim Grand Prix der USA im Jahr 2000 nahm Mario mit

einem Porsche am Supercup-Rennen teil, obwohl er gerade im Alter von 60 Jahren seinen Rücktritt verkündet hatte. Unglücklicherweise war ich so stark beschäftigt, dass ich ihn nicht treffen konnte, obwohl ich beiden Porsche-Rennen im Arztwagen folgte. Er ist immer noch schnell genug, um Alex Ribeiro und unseren Fünfliter-AMG-Mercedes zu schlagen. Hätten wir ihn eingeholt, hätte er wahrscheinlich so freundlich gewunken wie bei seinen Grands Prix, wenn er Probleme hatte. So wie 1979, als er in Zandvoort in der Tarzankurve in der ersten Runde zusammen mit Clay Regazzoni und einigen anderen Piloten von der Strecke geflogen war.

Mario nennt mich Doc, und wie er das sagt, macht mich jedes Mal stolz.

Niki Lauda

Ich bewundere an Niki Lauda vor allem seinen Mut, seine Intelligenz, Offenheit und seinen Witz. Es ist nicht leicht, ihn wirklich kennenzulernen, doch seit dem Tod von Ayrton Senna habe ich viel Zeit mit ihm verbracht, wenn er bei den Rennen auftaucht. Er gehört auch zu den Stammgästen in Karl-Heinz Zimmermanns Motorhome.

Ich erinnere mich an ein Treffen der Formel 1 und Formel 5000 1976 in Silverstone, an dem er teilnahm. Die Folgen seines Unfalls auf dem Nürburgring waren noch deutlich sichtbar. Trotz der schwer wiegenden Verletzungen hatte er nur die beiden Rennen in Österreich und den Niederlanden verpasst und belegte in Monza knapp sechs Wochen nach seinem Unfall den vierten Platz. 1974 und 1975 hatte er seinen Ferrari 18 Mal in 29 Rennen auf die Pole Position gestellt. 1976 stand er acht Mal in den ersten zehn Rennen in der ersten Startreihe – auch auf dem Nürburgring. Nachdem er 1975 die Weltmeisterschaft für sich entschieden hatte, verlor er sie ein Jahr später um einen Punkt, weil er sich weigerte, in Fuji weiter dem strömenden Regen zu trotzen und seinen Wagen statt dessen abstellte. 1977 holte er sich den Titel erneut, um am Ende der Saison zu Brabham zu wechseln.

1979 überraschte er die Welt, als er nach dem Freitag-Training zum kanadischen Grand Prix aus seinem Boliden ausstieg und seinen sofortigen Rücktritt verkündete. Er hatte keine Lust mehr, im Kreis herum zu fahren. Bernie Ecclestone fragte mich, was wir der Welt mitteilen sollten, und ich dachte an die alte Gastritis-Nummer, doch die Wahrheit machte bald die Runde. Wir sahen wenig von ihm bis 1982, als er in Südafrika für McLaren wieder an den Start ging und sofort den berühmt gewordenen Fahrerstreik in Kyalami anführte. Die Piloten verbrachten die Nacht in einem Hotel, sich gegenseitig beobachtend, wer als Erster den Streik brechen würde. Nach einem klugen Rennen in Estoril, wo ihm der zweite Platz reichte, sicherte er sich 1984 mit einem halben Punkt Vorsprung die Weltmeisterschaft vor seinem Teamkollegen Alain Prost. Seine insgesamt 171 Grands Prix beendete er 73 Mal unter den ersten Sechs, 25 Mal siegte er, 20 Mal wurde er Zweiter und neun Mal Dritter.

Er ist ein sicherer Pilot auf der Straße, wovon ich mich 1979 überzeugen konnte, als er mich zur Strecke von Jarama brachte. Ende der neunziger Jahre fuhren wir zusammen mit Niki, Karl-Heinz Zimmermann und Andrea Molinari (Nikis Mann in Havanna) nach Kuba, um dort die Zigarrenszene zu überprüfen. Herbie Blash, der Journalist Freddy Petersen sowie der Fotograf Senor Faletti und Nikis Freund Bertl Wimmer waren ebenfalls dabei.

Natürlich flogen wir mit Lauda Air, und in Kuba verbrachten wir eine fantastische Zeit in Zigarrenmanufakturen und Tabakplantagen. Auf dem Rückweg über Cancun hatte das Flugzeug einen technischen Defekt, so dass wir in der Flughafenbar auf die Reparatur warten mussten. Dort zeigten Karl-Heinz und Bertl Wimmer ihre Walzerkünste, was unsere

Gruppe amüsierte und die anderen Passagiere zutiefst verunsicherte.

Seine sachliche und intellektuelle, mitunter zynische Einstellung dem Leben gegenüber hat ihren Ursprung im Unfall 1976. Die Stelle, an der er beinahe verbrannt wäre, nennt er inzwischen Barbecue-Ecke. Kurz nach seinem Unfall machte jemand eine Bemerkung über sein nicht mehr vorhandenes Ohr, worauf Niki bemerkte: „Es ist sehr praktisch, kein Ohr zu haben – man hört das Telefon besser, wenn sich die Muschel direkt auf dem Knochen befindet."

An seinem 50. Geburtstag fuhr er zusammen mit einigen Freunden zur Unglücksstelle am Nürburgring, um dort einige Schnäpse zu trinken. Als sie da waren, wurden sie von einigen Touristen entdeckt. „Niki Lauda, was machen sie denn hier?" riefen sie.

„Ich suche mein Ohr", antwortete Niki...

Nelson Piquet

Nelson ist der frechste Pilot, den ich jemals erlebt habe. In „Triumph und Tragödien in der Formel 1" habe ich bereits beschrieben, wie er dem damaligen Präsidenten der FIA, Jean-Marie Balestre, während eines Fahrer-Briefings eine Flasche Mineralwasser in die Jackettasche schüttete, oder abstimmte, bevor die Abstimmung frei gegeben war und danach beide Hände in die Höhe riss. Doch einmal übertraf er sich sogar selbst, als Jean-Marie in der Startaufstellung mit dem Rücken vor Nelson stand. Plötzlich kam eine Hand aus dem Rennwagen, tauchte zwischen den Beinen des Präsidenten auf und packte an einer besonders empfindlichen Stelle zu. Jedes Mal, wenn ich Nelson sehe, versucht er, meinen Hosenschlitz zu öffnen.

Im Dezember 1999 nahm ich am Jahresdinner der französischen Fédération Société Automobile im Lido teil, als mich

Jean-Marie zu seinem Tisch rief. Er war mit mir zufrieden, weil ich *L'Equipe* ein Interview über Sicherheitsfragen im Rennsport gegeben hatte, in dem ich ihn für seine Verdienste gelobt hatte. Er dankte mir dafür, und dann kamen wir auf Nelson Piquet und dessen Streiche zu sprechen. Jean-Marie lachte, worauf ich meinte, dass er wohl eine Vorliebe für den Brasilianer hatte. „Sie haben Recht, isch 'abe ihn immer gemocht." Ich hatte noch keine Chance, dies Nelson zu berichten. Das letzte Mal bin ich ihm beim brasilianischen Grand Prix im Jahre 2000 über den Weg gelaufen. Da bekam er mich von hinten zu fassen, zwang mich auf die Knie und umarmte mich. Auch als 47-Jähriger war er noch lange nicht erwachsen.

14 Jahre lang fuhr er in der Formel 1 und wurde drei Mal Weltmeister – 1981, 1983 und 1987. Er war wahnsinnig schnell und schien sich dabei keine Gedanken über die Sicherheit zu machen. Insgesamt bestritt er 204 Rennen, die er 24 Mal aus der Pole Position begann. In der ersten Reihe stand er 44 Mal. 23 Grand Prix beendete er als Sieger und lag am Ende 100 Mal in den Punkterängen, was einer Erfolgsquote von knapp 50 Prozent entspricht. Er hatte 30 Unfälle bei Rennen und zahlreiche weitere im Training, doch verletzte er sich in seiner Formel-1-Zeit nie gravierend. Als er sich dann in Indianapolis seine schweren Beinverletzungen zuzog, die sein Karriereende zur Folge hatten, waren wir alle traurig.

Damon Hill

Ich muss an dieser Stelle festhalten, wie erfreut ich war, dass Damon 1996 die Weltmeisterschaft gewinnen konnte. In den beiden voran gegangenen Jahren hatte er jeweils den zweiten Platz belegt, nach einem dritten Platz in seinem ersten vollen Jahr in der Formel 1. Er hatte den Titel 1996 sicherlich verdient, schließlich lag er in den vier Jahren zuvor konstant in der Spitzengruppe, was er seinen fahrerischen Talenten zu verdanken hatte. Ich war auch deshalb so erfreut, weil er ein echter Gentleman ist. 1994 zum Beispiel war er bemerkenswert gelassen, nachdem er den Titel um einen Punkt gegen Schumacher verloren hatte. Damon siegte 1993 drei Mal, beendete 1994 sechs Rennen als Sieger und vier im Jahre 1995. Dennoch wurde er Vizeweltmeister. 1996 siegte cr bei acht Rennen, war zwei Mal Zweiter, ein Mal Vierter und Fünfter. Insgesamt siegte er in 22 Grands Prix. Er beendete 56 seiner 115 Rennen in den Punkterängen – eine Quote von knapp 50 Prozent. 47 Mal stand er in der ersten Reihe, 20 Mal auf der Pole Position. Ein Vergleich mit der Statistik seines Vaters ist durchaus interessant: Damon gelangen 22 Siege in 115 Rennen, während sein Vater 14 Mal bei 175 Auftritten siegte. Damon war vor allem im Nassen stark und zeigte begeisternde Vorstellungen in Brasilien, Japan und Adelaide bei schlechtem Wetter, was auch für den belgischen Grand Prix 1998 in Spa gilt, wo er seinen letzten Sieg erreichte.

Angeblich ist er auch ein beachtlicher Gitarrenspieler, obwohl ich ihn noch nie gehört habe. Ich weiß aber, dass er ein hervorragender Golfer ist, der regelmäßig beim „Grand Prix Drivers' Golf Charity Day" für die *British Brain and Spine Foundation* antritt. Ich versprach ihm einmal, ihn in die Kunst des Lachsangelns einzuweisen, doch wir fanden nie die Zeit dafür. Vielleicht schaffen wir es jetzt in seinem Ruhestand. Ich hoffe, er kauft dieses Buch, so dass er sehen kann, dass mein Angebot noch immer steht.

Gerhard Berger

Seitdem er sich als Pilot in den Ruhestand verabschiedet hat, vermissen wir Gerhard, der immer gut gelaunt und für einen

Streich zu haben war. Er war ein wertvolles Mitglied der Advisory Expert Group.

Seine Karriere in der Formel 1 erstreckte sich über 210 Grands Prix, die er 95 Mal in den Punkterängen und zehn Mal als Sieger beendete. 32 Mal ging er von der ersten Reihe aus ins Rennen. Er war zwischen 1990 und 1992 ein außerordentlich loyaler Teamkollege von Ayrton Senna. Sechs Jahre lang fuhr er für Ferrari und sicherte den Italienern fünf Grand-Prix-Siege. Seinen ersten Triumph feierte er 1986 in Mexiko mit einem Benetton-BMW, als er das ganze Feld überraschte und auf einen Boxenstopp verzichtete.

Nach seinen schweren Unfällen in Spa und Interlagos habe ich Gerhard im Arztwagen transportiert. Nach meinen Unterlagen hatte er insgesamt 25 Unfälle, doch irgendwie gelang es ihm immer, ohne große Verletzungen davonzukommen. Auch nach seinem Brandunfall in Imola, wo sein Ferrari in Flammen aufging, hatte er lediglich eine Gehirnerschütterung, leichte Verbrennungen und eine gebrochene Rippe, für die ich vermutlich verantwortlich bin, als ich ihn ruhig stellen musste. Seine schwerste Verletzung trug er bei einem Verkehrsunfall davon, bei dem er sich die Wirbelsäule brach.

Nach einem Unfall pflegte er sich im Arztwagen eine Zeit lang auszuruhen. In Monza hatte er einmal im Warm-up an der zweiten Schikane einen ernsten Unfall. Als ich dort eintraf, war er bereits geborgen und die Rückenschiene bereits angebracht. Er war im Rettungswagen auf dem Weg zum medizinischen Zentrum, wo ich ihn treffen sollte. Dort berichtete er mir, dass er im Rettungswagen trotz Sauerstoffmaske nicht richtig atmen konnte. Dann bemerkte er, dass die Maske nicht angeschlossen war und legte selbst den Schalter um. Mit einem Lachen meinte er: „Hol' mich hier raus, bevor ich beschädigt werde."

Weil wir Bedenken wegen seiner alten Rückenverletzung hatten, schickten wir ihn ins Krankenhaus zu Röntgenaufnahmen, die jedoch nichts ergaben. Danach stieg er – als sei nichts geschehen – in seinen Rennwagen.

Juan Manuel Fangio

Ich habe Fangio nur ein Mal in meinem Leben getroffen. Allerdings sah ich ihn 1979, als er mit einem Mercedes auf der nassen Strecke von Donington einige Demonstrationsrunden fuhr. Bernie Ecclestone hatte ihn und andere Piloten eingeladen, um so Geld zu Gunsten der neuen Gunnar Nilsson Radiotherapie-Abteilung im Charing Cross Hospital aufzubringen. Gunnar war ein viel versprechender junger schwedischer Pilot, der Anfang 1978 an Krebs erkrankte und im Oktober 1978 verstarb. In seinen zwei Jahren in der Formel 1 siegte er beim belgischen Grand Prix in Zolder und beendete acht andere Rennen unter den ersten Sechs. Fangio in einem kurzärmeligen Hemd und einer weichen Rennkappe lieferte eine spektakuläre Vorstellung mit seinem Mercedes.

1988 traf ich ihn auf Bernies Bitte an der Rennstrecke von Adelaide. Fangio fuhr einige Demonstrationsrunden zwischen den beiden Trainingssitzungen am Samstag, als plötzlich ein Lastwagen auf die Strecke einbog. Fangio produzierte einen klassischen Dreher und brachte den Mercedes ohne Beschädigungen vor den Absperrungen zum Stillstand. Allerdings hatte er seinen Ellbogen an der Absperrung verletzt, was eine Schwellung und einen Bluterguss zur Folge hatte. Bernie wollte sicher gehen, dass sich der alte Herr nicht den Ellbogen gebrochen hatte und rief mich. Fangio akzeptierte meine Untersuchung mit einer gewissen, amüsierten Nachsichtigkeit und bedankte sich für meine Bemühungen.

Fangio nahm an 51 Grands Prix teil, die er 28 Mal von der Pole Position aus in Angriff nahm. 48 Mal stand er in der ersten Startreihe. 24 Rennen beendete er als Sieger, war zehn Mal Zweiter, ein Mal Dritter und sechs Mal Vierter. Zum ersten

Mal wurde er 1951 Weltmeister und danach von 1954 bis 1957. Bei seinem fünften Titel war er 46 Jahre alt. 1958 zog er sich zurück, nachdem er bei seinem letzten Rennen in Argentinien die Pole Position geholt hatte. Kein Wunder, dass ihn Ayrton Senna als Held verehrte. Es war großartig, die beiden in Adelaide zu sehen. Hätte er überlebt, könnte Ayrton vermutlich auf eben so viele Titel zurück blicken.

John Surtees

In dieser Reihe darf auf keinen Fall John Surtees fehlen, der 1964 zwischen Clarks beiden Titeln (1963 und 1965) Weltmeister wurde. Ich hatte keinen Kontakt zu ihm während seiner aktiven Zeit, habe ihn aber seitdem dank einiger Demonstrationsveranstaltungen mit älteren Formel-1-Boliden kennen gelernt. Zuletzt trafen wir uns in Suzuka, als ich ihn während zweier Runden mit dem Kurs vertraut machte. Danach setzte er sich in einen alten Honda-Formel-1. Er meinte in aller Gelassenheit: „Ich weiß, es ist nur eine Demonstration, doch es ist gut zu wissen, was sich hinter der nächsten Kurve verbirgt."

Ich sah ihn zum ersten Mal 1962 in Goodwood, als es den Anschein hatte, dass er sich immer noch auf einem Motorrad wähnte, wenn er versuchte, auf vier Rädern an unglaublich engen Stellen zu überholen. Ein Jahr später sah ich ihn in Sebring, wo er einen Ferrari im Zwölf-Stunden-Rennen fuhr. Für Ferrari fuhr er Prototypen wie auch in der Formel 1. Seine Ergebnisliste kann sich sehen lassen: Als Motorradpilot war er sieben Mal Weltmeister, bevor er sich ganz dem Automobilsport widmete. 1963 wurde er als Ferrari-Pilot Vierter der Weltmeisterschaft hinter Jim Clark, Graham Hill und Richie Ginther. Ein Jahr darauf holte er sich den Titel. 1966 wurde er auf Cooper-Maserati Vizeweltmeister, nachdem er Ferrari am Anfang der Saison verlassen hatte. Seine 111 Grands Prix beendete er 40 Mal in den Punkten. 22 Mal stand er in der ersten Startreihe. In den sechziger Jahren fuhr er auch in der Can-Am-Serie und sicherte sich den ersten Meistertitel. 1970 bildete er sein eigenes Team, um sich ein Jahr später als Pilot aus dem Sport zurück zu ziehen. Er gehört zum erlesenen Kreis britischer Formel-1-Weltmeister: Mike Hawthorn (den ich nie getroffen habe), Graham Hill, Jim Clark, Jackie Stewart, James Hunt, Nigel Mansell und Damon Hill.

Anhang 1

Die Arbeit der Advisory Expert Group

1994 bis 2000

Neben den tödlichen Unfällen von Roland Ratzenberger und Ayrton Senna in Imola erlitten im Jahre 1994 J.J.Lehto und Jean Alesi bei Testfahrten Brüche der Wirbelsäule, bei denen glücklicherweise der Rückenmark-Kanal unversehrt blieb. Zwei weitere Piloten, Barrichello und Montermini erlitten leichte Gehirnerschütterungen und Karl Wendlinger lag nach einem Trainingsunfall mehrere Wochen im Koma. Kurze Zeit nach diesen Vorkommnissen verletzte sich Pedro Lamy schwer bei Testfahrten. Insgesamt kamen wir auf acht schwere Unfälle. Max Mosley, Präsident der Fédération Internationale Automobile reagierte sofort, indem er Veränderungen veranlasste, um die Geschwindigkeit der Boliden zu verringern. Darüber hinaus richtete er ein Beratergremium, die so genannte Advisory Expert Group, ein, die nach Möglichkeiten suchen sollte, um die Sicherheit zu verbessern. Ihr gehörten der Technikchef der FIA, Charlie Whiting, der FIA-Berater und damalige Tyrrell-Designer Harvey Postlethwaite, der Formel-1-Renndirektor Roland Bruynseraede, Gerhard Berger und ich als Vorsitzender an. Wir beauftragten sofort die Motor Industry Research Association (MIRA) in Nuneaton mit einer Studie über die Kräfte, die auf einen Piloten im Cockpit einwirken. McLaren stellte dafür ein Formel-1-Chassis zur Verfügung. Hochgeschwindigkeitsschlitten samt Hybrid-III-Dummys kamen zum Einsatz. Die ersten Ergebnisse einer Crash-Simulation mit einer Geschwindigkeit von 11,4 Metern pro Sekunde (entspricht ungefähr 40 km/h) sind in Tafel 1 dargestellt. Die akzeptierten Grenzen für eine Kopfverletzung sind auf der linken Seite mit 80 g während drei

Millisekunden dargestellt, was einem Head Injury Criterion (HIC) von 1000 entspricht. Das so genannte Head Injury Criterion ist eine komplexe Rechnung, die in Tafel 2 dargestellt wird und aus Verkehrsunfällen gewonnen wurde. Dabei werden die Werte einer linearen Beschleunigung oder Verzögerung in Korrelation zur Kopfverletzung gesetzt. Der Schwellenwert für eine Verletzung wird dabei bei 1000 angesetzt, wobei die Todesrate bei zehn bis 15 Prozent liegt. Je höher die Zahl liegt, desto mehr steigt das Todesfallrisiko, das bei einem HIC von 2000 bereits 50 Prozent übersteigt.

Bei der Analyse der Ergebnisse (als Gurt diente ein damals üblicher Zweizoll-Gurt) ergab sich ein Wert von 48 g, wenn der Kopf nach vorne geschleudert wurde. Bei der entgegen gesetzten Bewegung erreichte der Kopf einen Wert von 192 g – mehr als doppelt so viel wie der Schwellenwert. Der HIC lag bei 1247. Nun begann die Suche nach einem Schaummaterial, das die Energie aufnehmen konnte, und der Stelle, wo man es im Interesse einer möglichst hohen Wirkung platzieren sollte. Das Ergebnis war eine Hufeisen-Konstruktion aus Confor-Schaumstoff, die an der Cockpitseite montiert wurde und bis zum Schwerpunkt des Helmes beziehungsweise des Kopfes reichte. Die damit erreichten Ergebnisse können auf der rechten Seite von Tafel 1 abgelesen werden. Vorwärts 54 g, rückwärts 83 g und ein HIC von 388.

Eine weitere Einrichtung, die Kopf und Rücken schützen sollte, wurde ebenfalls getestet. HANS – Head and Neck Protection System – war von Professor Hubbard der Michigan State University als Schutzmaßnahme für Motorboot-Rennfahrer erfunden worden. HANS bestand aus einem soliden Bügel mit einer hinteren Erweiterung, die an beiden Seiten am Helm des Piloten befestigt war. Tests ergaben bei der Rückwärtsbewegung des Dummys 130 g und einen HIC von 746. Die Erfindung war also nicht so effektiv wie die Schaumeinlage. Diese Arbeit war ebenso zeitaufwändig wie kostspielig. Jeder Test kostete mehrere Tausend Pfund, doch Max Mosley hatte uns freie Hand gegeben, auch auf der finanziellen Seite, und er hielt Wort. Die Schaumeinlage wurde Anfang 1996 Teil des Reglements. Leider kam sie für Mika Häkkinens Unfall in Adelaide Ende 1995 zu spät, doch gerade rechtzeitig, um Martin Brundle bei seinem Abflug 1996 in Melbourne zu schützen. Die Teams waren sehr zurückhaltend bei der Einführung des neuen Systems, weil die Seiten der Boliden höher und die Cockpits breiter gestaltet werden mussten. Seit 1996 hat diese Einrichtung jedoch viele ernsthafte Verletzungen verhindert.

Die Verbreiterung der Gurte auf drei Zoll hat die auf die Brust einwirkenden Kräfte von 65 g auf 43 g verringert. Die auf den Rücken einwirkenden Kräfte gingen von 65 auf 44 Newtonmeter zurück.

Beim Seitenaufprall (Tafel 3) mit einem Wert von 35 g bei 9,9 Metern/Sekunde (ungefähr 35 km/h) verringerte die Schaumeinlage die seitlich einwirkenden Kräfte von 79 auf 13 Newtonmeter, wobei der Schwellenwert bei 57 Newtonmetern liegt. Bei einem späteren Test versuchte MIRA, einen Airbag zu entwickeln und verglich dafür Daten eines Frontalaufpralls mit Confor und einem beim Aufprall entfalteten Airbag. Tafel 4 zeigt das Ergebnis bei einem Aufprall mit 45 g, was ungefähr 54 km/h entspricht. Der 20-Liter-Airbag verringerte die Top-g-Werte am Kopf des Dummys von 99 g auf 65 g und den HIC von 975 auf 509. Leider gibt es noch keine Technologie für einen Airbag, der unter Rennbedingungen funktioniert, was an den Geschwindigkeiten und vor allem an bislang fehlendem Schutz vor ungewolltem Entfalten liegt.

Seit 1996 haben sich zahlreiche ernste Unfälle in der Formel 1 ereignet, die in Tafel 5 aufgezeichnet werden. Die mit einem Stern gekennzeichneten Unfälle sind vom Transport Research Laboratory von Andrew Mellor und Brian Chinn nachgestellt worden. Die Arbeit der Beiden hat sich im Verlauf der Zeit als außergewöhnlich wertvoll erwiesen. 1996 hatte Jos Verstappen einen Hochgeschwindigkeitsunfall in Spa, bei dem er mit seinem Helm die Confor-Einlage zerstörte. Die Analyse seines Unfalls ergab Werte von 180 g mit einem HIC von 1980. Helm und Kopfschutz haben dabei die Energie dergestalt aufgenommen, dass er nicht ohnmächtig, sondern nur benommen war und leicht schwankte, nachdem er den Wagen verlassen hatte. Eine Untersuchung seines Kopfes brachte kein Anzeichen einer Verletzung. 1995 lagen die g-Werte bei Häkkinens Unfall bei 208 mit einem HIC von 1824. Das Ergebnis war ein Schädelbruch und Ohnmacht. Der Helm war auf die damals noch ungeschützte Seitenwand des Cockpits aufgeprallt.

1997 führte die FIA Unfallaufzeichnungsgeräte für alle Formel-1-Boliden ein. Diese Aufzeichnungen werden von Peter Wright von der FIA analysiert und liefern wertvolle physikalische Daten über die Kräfte, Aufprallgeschwindigkeiten und den Ablauf. Diese Daten spielen seitdem auch eine fundamentale Rolle beim Nachstellen der Unfälle.

1999 lieferte zwei weitere Beispiele für hohe g-Werte, die keine signifikanten Kopfverletzungen verursachten. Bei Schumachers Unfall in Silverstone betrugen die g-Werte 122 mit einem HIC von 1070. Frentzen trug später in Montreal bei einem g-Wert von 124 und einem HIC von 855 eine leichte Gehirnerschütterung davon. Allerdings lagen die Rotationskräfte im Gehirn bei 5278 Radians gegenüber Schumachers 4021 Radians. Wenn sich der Kopf nach dem Aufprall dreht, gerät das Gehirn in eine kreisförmige Bewegung, die zu Verletzungen der Gehirnmasse führen kann, wenn Nervenbahnen gestört werden oder das Gehirn an die harte Knochenschale schlägt. Die Verletzungsschwelle von Radians pro Sekunde ist schwer zu definieren, doch die in Tafel 6 von Andrew Mellor gefundenen Werte, die im Jahr 2000 beim Treffen der Society of Automotive Engineers veröffentlicht wurden, lassen einen Wert von 5000 Radians pro Sekunde für schwerwiegende Verletzungen vermuten. Unglücklicherweise haben Gehirnverletzungen ihre Ursache in einer Kombination aus linearer und kreisender Beschleunigung. Daher ist eine Korrelation zwischen neurologischer Verletzung und einfacher Physik so schwer. Klar ist aber, dass eine Kombination aus linearer und kreisender Beschleunigung das Gehirn schwer in Mitleidenschaft zieht. Die in der Tafel 7 nachgestellten Unfälle sind dem zur Verfügung gestandenen Schutz (nur Helm oder Helm plus Confor) entsprechend eingeordnet worden. Andrew Mellor stellte fest, dass beim Unfall von Jos Verstappen die Aufprallgeschwindigkeit des Kopfes bei elf Metern/Sekunde, der g-Wert bei 180 und der HIC bei 1980 lag (Tafel 6). Nur von einem Helm geschützt ergibt das bei einer Geschwindigkeit von 8,5 Metern/Sekunde 295 g und einen HIC von 2815. Bei diesem Unfall wäre der Pilot mehrere Stunden lang bewusstlos und hätte Anzeichen neurologischer Verletzungen. Andrew Mellor gibt in seinem Bericht auch die so genannte Abbreviated Injury Scale (AIS)* wieder und geht zudem auf die maximale lineare Geschwindigkeit ein (Tafel 8). Die maximale Drehgeschwindigkeit (Tafel 9) wurde von ihm ebenso untersucht wie die Relation zwischen maximaler Drehgeschwindigkeit, maximaler linearer Geschwindigkeit und dem AIS-Wert (Tafel 10).

Diese Daten der außergewöhnlich wichtigen biophysikalischen Untersuchung ergaben, dass die Verletzungsschwelle der Piloten höher liegt als bisher vermutet. Ob dies auch für Otto Normalverbraucher gilt, ist nicht sicher, weil diese austrainierten und motivierten jungen Männer in der Tat die üblichen Grenzen überschritten haben.

In den vergangenen drei Jahren wurde HANS kontinuierlich von Professor Hubbard, Hubert Gramling von Mercedes-Benz und Peter Hodgman von McLaren weiter entwickelt. Das Ergebnis dieser Forschung war eine deutliche Verringerung der Kräfte, die auf Kopf und Rücken der Piloten bei frontal verlaufenden Unfällen einwirken. Außerdem verhindert HANS, dass die Helme auf das Lenkrad oder die Seitenwände prallen. Einige Formel-1-Piloten haben HANS getestet und in der CART-Serie haben es einige Piloten bereits eingesetzt. In der DTM ist HANS ebenfalls im Einsatz. In der Formel 1 wird HANS bisher noch nicht benutzt. Die von Hubert Gramling ermittelten Daten lassen den Schluss zu, dass HANS ähnlich wie der experimentelle Airbag von MIRA wirkt. Als weitere Schutzmaßnahme bei frontal verlaufenden Unfällen müssen die Boliden über deformierbare Lenksäulen verfügen und die mögliche Energieaufnahme in einem FIA-Test nachgewiesen werden. Im Jahr 2001 wurde der Energie aufnehmende Schaum auch im Cockpit Vorschrift.

Zwischen 1994 und 2000 hat die FIA die Boliden weiter modifiziert, dabei aber die Absperrungen und andere Maßnahmen an den Strecken nicht vergessen. Diese Änderungen werden im Anhang 2 vorgestellt, in dem auch die Unfälle und Verletzungen bis 1997 aufgelistet werden. Die seitdem vorgenommenen Veränderungen werden danach Jahr für Jahr dargestellt. Im Jahr 2000 einigte man sich auf eine Verstärkung der Überrollbügel, die nun eine Last von 50 KN aushalten müssen. Gleichzeitig wurden die Vorschriften für die Stärken der Cockpitseiten verschärft, die nun einen Aufprall von 15 Tonnen vertragen müssen. 2001 wurden doppelte Sicherungskabel für die Räder Vorschrift – bis zu diesem Zeitpunkt war nur eine einfache Sicherung Vorschrift.

Glücklicherweise verlief das Jahr 2000 trotz spektakulärer Unfälle ohne schwerwiegende Blessuren.

Im Laufe der Jahre hat sich die Zusammensetzung der Advisory Expert Group wie auch ihr Name verändert. Harvey Postlethwaite, der völlig unerwartet starb, wurde von John Barnard ersetzt. Gerhard Berger, der nach seiner Ernennung zum BMW-Williams-Sportchef keine Zeit mehr hatte, gab seinen Platz an Michael Schumacher weiter. Herbie Blash, der stellvertretende Renndirektor, hat einen Sitz übernommen. Oftmals nehmen Hubert Gramling von Mercedes-Benz und Andrew Mellor vom Transport Research Laboratory an den Sitzungen teil. 1999 wurde aus der Advisory Expert Group die Research Commission, deren Vorsitz ich nach wie vor inne habe.

*Abbreviated Injury Scale ist ein System, bei dem Spitzen-g-Werte mit dem Verletzungspotenzial in Verbindung gebracht werden:

AIS 0 = < 50g
AIS 1 = 50-100g
AIS 2 = 100-150g
AIS 3 = 150-200g
AIS 4 = 200-250g
AIS 5 = 250-300g
AIS 6 = > 300g

TAFEL 1: HYGE Test

Kopf (Aufprallenergie 23 g, Geschwindigkeit 11,4 Meter/Sekunde			
Limit	**Basis (1964 Cockpit)**	**HANS (1964 Cockpit)**	**Heute (75 mm Confor-Schaum)**
80 g (3 Millisekunden)	48F, 192B	54F, 130B	54F, 83B
HIC (1.000)	1247	746	388

TAFEL 2: HEAD INJURY CRITERION (HIC)

$$\left(\frac{1}{t^1-t^2}\int_{t^1}^{t^2} a.dt\right)^{2.5}\left(t^1-t^2\right) < 1000$$

HIC> 1000 – 15% lebensbedrohend
HIC> 1400 – 50% Schädelbruch
HIC> 2000 – 50% lebensbedrohende Kopfverletzung

Die Symbole t^1 und t^2 stellen den geschätzten Zeitpunkt von Anfang und Ende des Aufpralls beim höchst möglich berechenbaren HIC dar.

Symbol a ist das Integral der Beschleunigung während des Aufpralls in Relation zur Zeit.

TAFEL 3: HYGE Test

Seitenaufprall (Aufprallenergie 35 g, Geschwindigkeit 9,9 Meter/Sekunde)			
	Limit	**Basis (1994 Cockpit)**	**Heute (75 mm Confor-Schaum)**
Kopf 80 g		66	86
HIC 1000		466	659
Rücken 1. Distorsion 57 Nm		79	13
Rückschlag 190 Nm		76	82

TAFEL 4: HYGE Test

Kopf- und Rückenschutz (Aufprallenergie 45 g, 55 km/h)		
Frontalkollision	Aktuelles Cockpit (75 mm Confor-Schaum)	Aktuelles Cockpit mit Airbag 52 (20 Liter)
Limit (Kopf)		
Spitze (G 80)	99	65
Bei 3MS 80		
HIC 1000	975	509

TAFEL 5: Schwere Unfälle

Jahr	Name	Ort	Art des Unfalls	Neurologisches Ergebnis
1996	Verstappen*	Spa	Frontal	Minimal
	Herbert	Spa	Frontal	Keines
	Coulthard	Silverstone Testfahrt	Schräg	Keines
1997	Berger	Montreal	Seitlich	Keines
	Alesi	Montreal	Seitlich	Keines
	Barrichello	Jerez	Seitlich	Keines
1998	Salo	Montreal	Frontal	Keines
	Salo*	Spa	Frontal	Keines
	Frentzen	Magny-Cours Testfahrt	Frontal	Keines
	Villeneuve	Spa	Heckaufprall	Keines
	Rosset	Zeltweg Hockenheim	Seitlich Seitlich	Keines Keines
1999	Zonta	Interlagos	Frontal	Keines
	Frentzen*	Montreal	Schräg	Minimal
	Schumacher*	Silverstone	Frontal	Keines
	Diniz	Nürburgring	Überschlag	Keines
	Villeneuve	Spa	Heckaufprall	Keines

*Unfälle wurden nachgestellt

Tafel 6: Nachgestellte Unfälle (FIA-TRL)

	Aufprallort	Aufprallgeschwindigkeit m/s		Beschleunigung			AIS	Verletzung
		Norm	Tang	g	HIC	rad/s2		
Unfall 1*	Cockpit	3	10	208	1824	6000	4	ernst
Unfall 2*	Absperrung	13	44	850	24000	37000	6	tödlich
Unfall 3	Kopfschutz	11	2	180	1980	5700	1	leicht
Unfall 4*	Überrollbügel	15	13	1000	26000	14500	5	ernst
Unfall 5*	Absperrung	22	0	360	5000	11100	4	ernst
Unfall 6*	Absperrung	12	27	500	8500	34000	6	tödlich
Unfall 7	Kopfschutz	6	1,6	126	578	2147	0	keine
Unfall 8	Kopfschutz	9	0	122	1070	4021	0	keine
Unfall 9*	Cockpit	8,5	0	295	2815	13016	4	ernst
Unfall 10	Kopfschutz	6,7	0	124	855	5276	0	leicht

* Ohne Confor-Schutz

Wiedergegeben mit der Genehmigung von Andrew Mellor, Transport Research Laboratory, Ceowthorne, Berkshire

TAFEL 7: Korrelation

Schutz		g-Wert > 80,3 ms	HIC 1.000	ROT[N] 10.000	Ergebnis
Nur mit Sturzhelm					
F 3000	Mauer	850	24.000	37.000	Tödlich
F 1	Mauer	500	8.500	34.000	weitere tödliche Verletzungen
Sportwagen 2 Aufpralle	Überrollbügel	1.000	26.000	14.500	Vegetativer Status
F 1	Absperrung	360	5.000	34.000	Dezerebral (erholt)
F 3	Cockpit	295	2.815	13.016	Koma (erholt)
F 1	Cockpit	70 208	100 1.824	6.000	Koma (erholt)
Confor-Kopfschutz					
F 1	Kopfschutz	180	1.980	5.700	Minimal
F 1	Kopfschutz	126	578	2.147	Keine
F 1	Kopfschutz	122	1.070	4.021	Keine
F 1	Kopfschutz	124	855	5.276	Minimal
9 weitere Unfälle trotz Zerstörung des Kopfschutzes ohne Folgen					

TAFEL 8: Korrelation zwischen größter Beschleunigung und dabei erlittenen Verletzungen

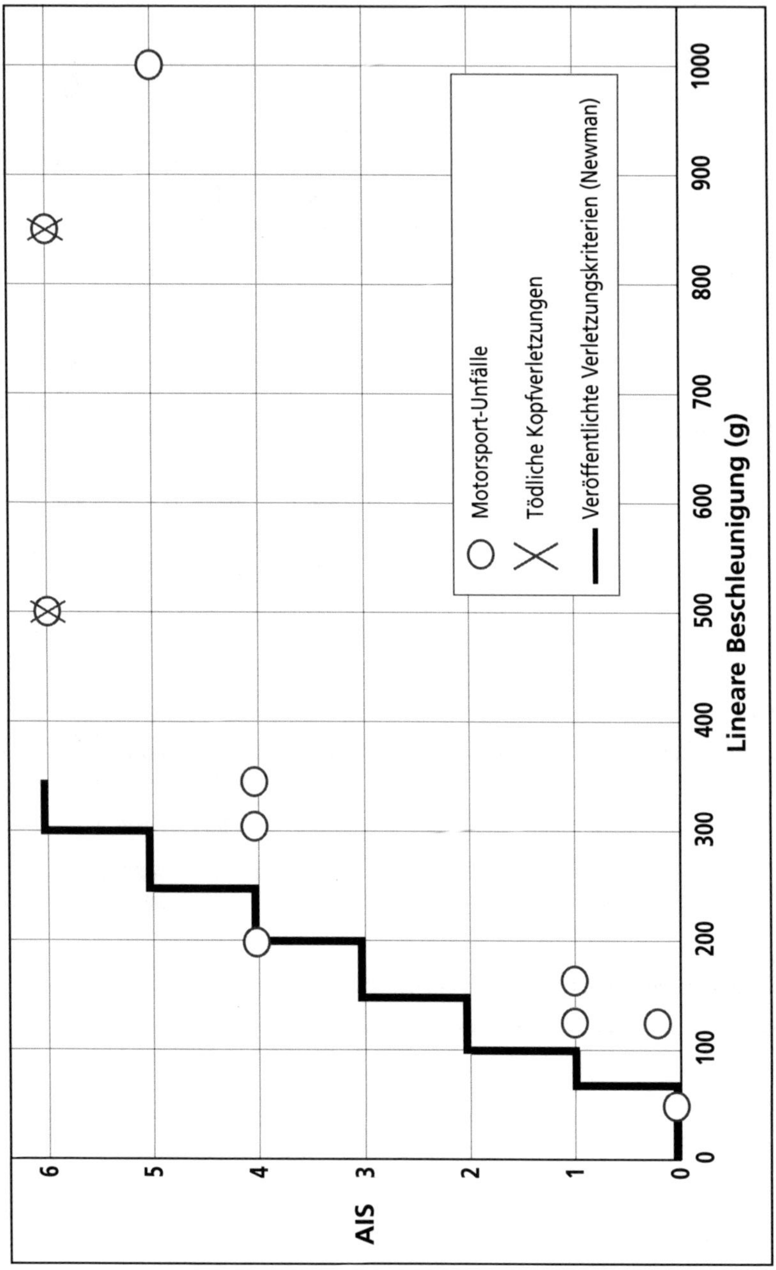

Wiedergegeben mit Genehmigung von Andrew Mellor, Transport Research Laboratory, Crowthorne, Berkshire

TAFEL 9: Korrelation zwischen maximaler Drehgeschwindigkeit und dabei erlittenen Verletzungen

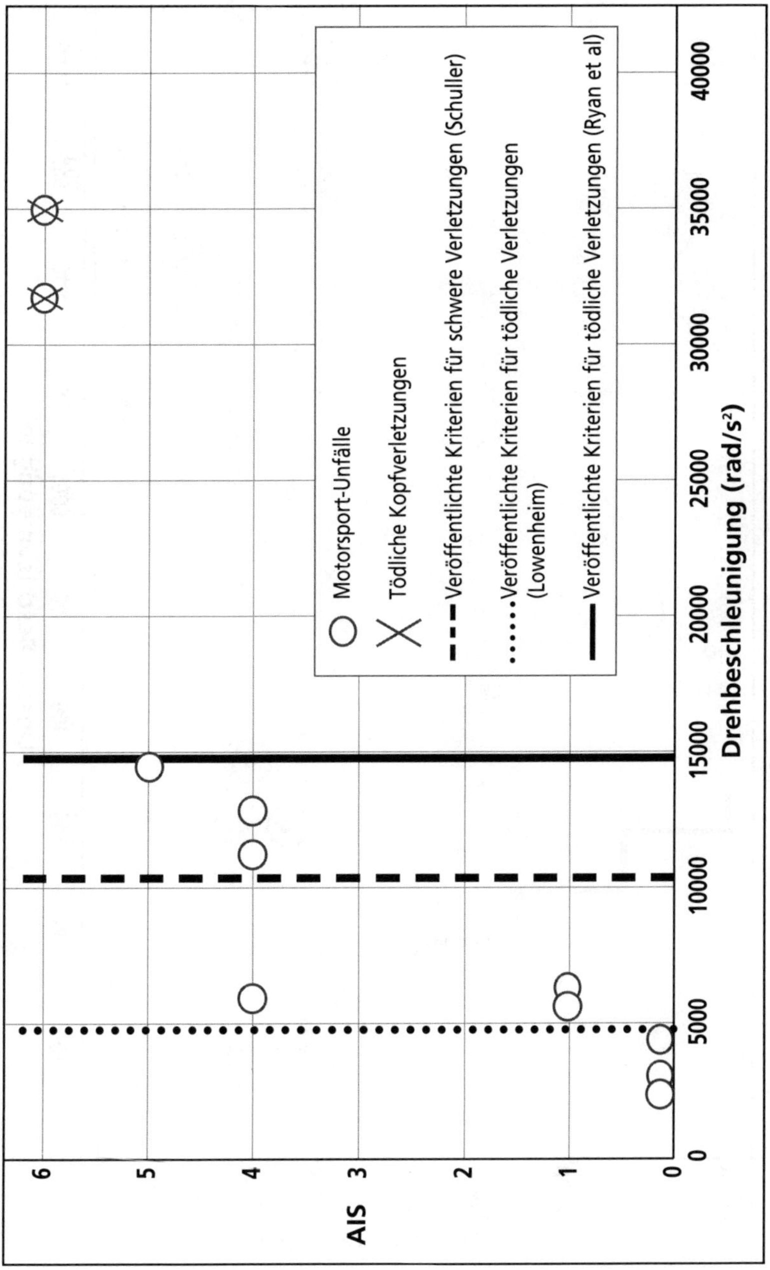

Wiedergegeben mit Genehmigung von Andrew Mellor, Transport Research Laboratory, Crowthorne, Berkshire

TAFEL 10: Korrelation zwischen maximaler Drehgeschwindigkeit und maximaler linearer Geschwindigkeit sowie AIS

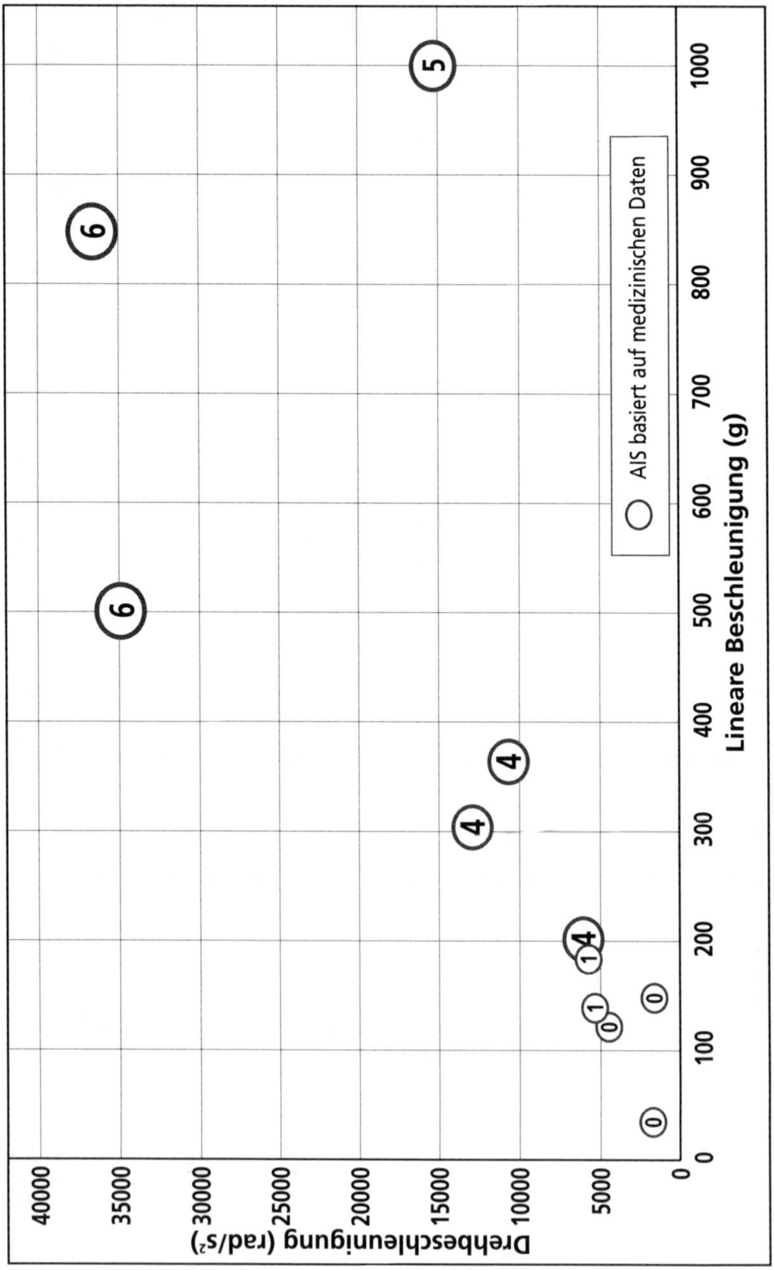

Wiedergegeben mit Genehmigung von Andrew Mellor, Transport Research Laboratory, Crowthorne, Berkshire

Oben: Kanada 1997. Panis wird nach seinem Unfall behandelt. Sorry, dass ich seine Unterhosen nicht verdeckte.

Unten: Belgien 1998. Massenkarambolage ohne Verletzte. Nur Barrichello, Panis, Rosset und Salo fehlten beim Neustart.

Gegenüber: Der Alchimist

Oben: Spa 1966. Jackies Freundinnen in Ekstase.

Rechts: Nürburgring 1968. Jackie Stewart siegt mit einem Vorsprung von vier Minuten.

Links: Damon Hill, Weltmeister 1996 und Gitarrist.

Unten: Graham Hill, Weltmeister 1962 und 1968.

Oben: Jim Clark, Weltmeister 1963 und 1965. Er kam 1968 bei einem Rennunfall in Hockenheim ums Leben.

Rechts: Sir Stirling Moss, das Idol der männlichen britischen Jugend in den fünfziger und sechziger Jahren.

Links: Phil Hill, Weltmeister 1961, nach seinem ersten Sieg (1960) für Ferrari.

Unten: Juan Manuel Fangio in Le Mans.

Oben rechts: Innes Ireland nach seinem Sieg 1961 in Watkins Glen in einer für ihn typischen Pose.

Unten rechts: Jack Brabham, dreifacher Weltmeister, ganz entspannt.

DUNLOP

GOODYEAR
12

Der Mann im weißen Anzug mit einem exotischen Gefährt.

Anhang 2

Fédération Internationale de L'Automobile

Formel-1-Weltmeisterschaft

Die Sicherheit im Grand-Prix-Rennsport von 1963 bis 1999

Eine Studie der Strecken- und Sicherheitsabteilung

Das folgende Dokument zeigt die Entwicklung der Formel 1 und die damit verbundene Zunahme der Rennunfälle in den Jahren 1963 bis 1999. In dieser Epoche sorgte eine beachtliche Entwicklung in der Technologie und der Aerodynamik für eine ständig steigende Leistung. Es zeigt zudem für jede Epoche, wie die FIA und die Formel-1-Teams gearbeitet haben, um die Unfallfolgen einzudämmen und das Risiko der Piloten und der Zuschauer weiter zu minimieren.

Obwohl hier alleine die Formel 1 dargestellt wird, hat sich die FIA auch bei den anderen Motorsport-Aktivitäten, für die sie verantwortlich ist, um die Sicherheit verdient gemacht.

FIA FORMEL 1 WELTMEISTERSCHAFT

Die Sicherheit im Grand-Prix-Sport von 1963 bis 1999

EINFÜHRUNG DER SICHERHEITSVORSCHRIFTEN DURCH DIE FIA					
Zeitraum	**Unfälle**	**Rennwagen**	**Strecken**	**Piloten**	**Organisation**
1963-1967	GP-Rennen: **50** Kilometer: **256.000** Rennunfälle: **47** Schwere Verletzungen (Piloten): **21** Todesfälle (Piloten): **3** Todesfälle (Funktionäre): **0** Todesfälle (Zuschauer): **0**	**1963-65:** Benzinpumpe, automatischer Anlasser, Überrollbügel, Zweikreisbremssystem, definierte Gurtbefestigungen, Feuerschutz, Benzintanks, Entlüftung.	FIA übernimmt die Verantwortung für die Sicherheitsinspektionen.	Helm und Overall obligatorisch	**1963:** Fahnensignale
1968-1972	GP-Rennen: **59** Kilometer: **227.000** Rennunfälle: **88** Schwere Verletzungen (Piloten): **31** Todesfälle (Piloten): **4** Todesfälle (Funktionäre): **0** Todesfälle (Zuschauer): **0**	**1968:** Unterbrecherkontakte, Rückwärtsgang, verbesserte Bergungsmöglichkeiten, Überrollbügel 5 cm über dem Sturzhelm **1969:** Zwei Feuerlöscher, bessere Befestigung für aerodynamische Teile, maximale Höhe und Breite vorgeschrieben	**1970:** Vorschriften für den Streckenbau: Breite des Pistenrandes mindestens drei Meter, doppelte Leitplanken, Zuschauer mindestens drei Meter hinter den Leitplanken, Absperrungen zwischen Strecke und Boxengasse, Verbot von Strohballen, verbindliche FIA-Inspektionen **1972:** Kriterienkatalog für Rennstreckensicherheit, festgelegte Spezifikation für Fangzäune	**1968:** Empfehlung für Gurte, Feuer abweisende Kleidung, bruchsichere Helmvisiere **1971:** Rettung innerhalb von Sekunden aus dem Cockpit **1972:** Sechspunktgurt, Pilotenvereinbarung	**1971:** Genaue Aufgabenteilung in der Rennleitung und an der Strecke

EINFÜHRUNG DER SICHERHEITSVORSCHRIFTEN DURCH DIE FIA

Zeitraum	Unfälle	Rennwagen	Strecken	Piloten	Organisation
1968-1972 Fortsetzung		**1970:** Sicherheitsbenzintank **1972:** Sicherheitsschaum im Benzintank, Magnesiumbleche müssen mindestens drei mm dick sein, Mindestabmessungen für das Cockpit, Notschalter und Feuerlöscher außen am Wagen, Benzintank entsprechend der FIA-Norm			
1973-1977	GP-Rennen: **77** Kilometer: **446.000** Rennunfälle: **250** Schwere Verletzungen (Piloten): **51** Todesfälle (Piloten): **5** Todesfälle (Funktionäre): **1** Todesfälle (Zuschauer): **6** **n.b.** Die getöteten Zuschauer standen in Verbotszonen.	**1973:** Nachgebende Strukturen um den Benzintank, verchromte Aufhängungsteile verboten **1974:** Sich selbst verschließende Benzinleitungen **1976:** Sicherheitsstrukturen um Armaturenbrett und Pedalerie **1977:** Schutz im Pedalraum definiert	**1973:** Fangzäune, Rettungsausrüstung, maximale Zahl von Startern **1974:** Fangzäune und Kiesbetten **1975:** Streckenposten, Verbindungsstraßen **1977:** Kiesbetten als Auslaufzonen	**1973:** Internationale Vereinbarung über medizinische Untersuchung **1975:** FIA-Standard für feuersichere Kleidung **1977:** Helme müssen FIA-Standards erfüllen	**1973:** Feuerlöschvorschriften **1974:** Paarweise Startaufstellung mit zwölf Meter Raum je Wagen **1975:** Medizinische Versorgung, Wiederbelebungszentren, Rettungsübungen

EINFÜHRUNG DER SICHERHEITSVORSCHRIFTEN DURCH DIE FIA

Zeitraum	Unfälle	Rennwagen	Strecken	Piloten	Organisation
1978-1982	GP-Rennen: **76** Kilometer: **399.000** Rennunfälle: **283** Schwere Verletzungen (Piloten): **3** Todesfälle (Piloten): **3** Todesfälle (Funktionäre): **1** Todesfälle (Zuschauer): **0**	**1978:** Definition der Schutzwand hinter dem Piloten und des Überrollbügels **1979:** Größere Cockpitöffnung, zwei Rückspiegel, verbessertes Feuerlöschsystem **1981:** Neue „Überlebenszelle"	**1980:** Ständige medizinische Zentren **1981:** Reifenstapel, minimale Breite der Boxenstraße zehn Meter	**1978:** Vorschriften für Lizenzen **1979:** Überlebenshilfen vorgeschrieben	**1978:** 14 Meter pro Wagen **1979:** Von der FIA eingesetzter permanenter Starter **1980:** Von der FIA genehmigte medizinische Versorgung, Verfolgungswagen für die erste Runde **1981:** Aufstellung 1x1x1
1983-1987	GP-Rennen: **79** Kilometer: **428.000** Rennunfälle: **218** Schwere Verletzungen (Piloten): **2** Todesfälle (Piloten): **0** Todesfälle (Funktionäre): **0** Todesfälle (Zuschauer): **0**	**1983:** Flacher Unterboden, „Seitenschürzen" verboten, Rückleuchte mit 21 Watt **1984:** Tanken während des Rennens verboten, Benzintank im Zentrum der Wagen **1985:** Front-Crashtest	**1984:** Betonmauer kann Leitplanken ersetzen **1985:** Verbot der Fangzäune **1987:** Vorschriften für temporäre Strecken	**1984:** FIA-Superlizenz	**1986:** Permanente medizinische Inspektion der FIA, Hubschrauberpflicht **1987:** 16 Meter Raum je Wagen bei der Startaufstellung
1988-1992	GP-Rennen: **80** Kilometer: **478.000** Rennunfälle: **305** Schwere Verletzungen (Piloten): **1** Todesfälle (Piloten): **0** Todesfälle (Funktionäre): **0** Todesfälle (Zuschauer): **0**	**1988:** Fahrerfüße hinter der Vorderachslinie, Crashtest für „Überlebenszelle" und Benzintank **1990:** Größere Rückspiegel, schnell abnehmbares Lenkrad **1991:** Von der FIA getestete Gurte, neuer Benzintank, Test	**1989:** Streckenabsperrung minimale Höhe: ein Meter, Boxenmauer minimale Höhe: 1,35 Meter **1992:** Randsteine abgesenkt, Boxenstraße auf mindestens zwölf Meter verbreitert, Schikane am Boxeneingang	**1989:** Dopingtests (bisher alle negativ)	**1988:** Permanenter FIA-Rennleiter **1990:** Fahrerrettungsübungen Pflicht **1992:** Sicherheitswagen

EINFÜHRUNG DER SICHERHEITSVORSCHRIFTEN DURCH DIE FIA

Zeitraum	Unfälle	Rennwagen	Strecken	Piloten	Organisation
1988-1992 Fortsetzung		des Überrollbügels sowie der „Überlebenszelle“ **1992:** Crashtest mit 75 Kilo wiegendem Dummy und mit Wasser gefülltem Tank			
1993-1997	GP-Rennen: **82** Kilometer: **450.000** Rennunfälle: **382** Schwere Verletzungen (Piloten): **11** Todesfälle (Piloten): **2** Todesfälle (Funktionäre): **0** Todesfälle (Zuschauer): **0**	**1993:** Weniger als 60 g Verzögerungskräfte bei Crashtests, Vergrößerung des Aufprallraums hinter dem Piloten, Vergrößerung der Kopfstütze auf 400 cm^2, vorderer Überhang auf 90 cm verringert, Größe der Räder auf 15 Zoll verringert, gängige Benzinsorten vorgeschrieben	**1994:** Änderungen, um die Beschleunigungskräfte in Kurven zu verringern **1995:** Mehr Reifenstapel, vergrößerte Kiesbetten und Auslaufzonen **1996:** Als risikoreich eingestufte Kurven pro Kurs auf zwei redu-	**1994:** Stichproben bei Helmen, Kleidung und Handschuhen von der FIA veranlasst, Verbot von Kopfhörern **1995:** Dopingtests (alle negativ), strengere Kriterien für Superlizenz, breitere Gurte **1996:** Gurt-Auslösemechanismus	**1993:** Boxengeschwindigkeit 80 km/h **1995:** Permanenter FIA-Sicherheitsbeauftragter, -starter und permanenter FIA-Rennleiter **1996:** Standard für medizinisches Personal und Zentren durch die FIA, neue Startproze-

EINFÜHRUNG DER SICHERHEITSVORSCHRIFTEN DURCH DIE FIA

Zeitraum	Unfälle	Rennwagen	Strecken	Piloten	Organisation
1993-1997 Fortsetzung		**1994:** Verringerter Abtrieb (Mai), Kopfstütze aus Schaumstoff muss mindestens 75 mm dick sein, neue Regeln für die Airbox zur Leistungsreduzierung (Mai), elektronische Fahrhilfen verboten, neuer Seitenaufpralltest **1995:** Motorgröße auf drei Liter reduziert, Fußraum vergrößert, Frontpartie muss 33 % mehr Energie aufnehmen, automatisches Umschalten in Leerlauf bei stehendem Motor, verschärfter seitlicher Crashtest für die Frontpartie, minimale Höhe der „Überlebenszelle" um zehn cm vergrößert, Breite der Gurte auf 7,5 cm vergrößert. **1996:** Datenaufzeichnungsgerät in der „Überlebenszelle", höhere Cockpitseiten, 75 mm dicke seitliche Polsterungen, Größe der hinteren Winglets reduziert	ziert, FIA-Test für „dünne", Energie aufnehmende Absperrungen **1997:** FIA-Genehmigung für Testbetrieb erforderlich, einheitliche Höhe der Randabweiser, zusammen genietete Reifenmauern vorgeschrieben	muss nach oben zeigen **1997:** FIA-Kontrolle der Testfahrten	dur **1997:** Neue Rettungspläne, neues Safety Car, obligatorische Genehmigung aller medizinischen Zentren durch die FIA

EINFÜHRUNG DER SICHERHEITSVORSCHRIFTEN DURCH DIE FIA					
Zeitraum	**Unfälle**	**Rennwagen**	**Strecken**	**Piloten**	**Organisation**
1993-1997 Fortsetzung		**1997:** FIA-Unfallschreiber, Energie aufnehmende Strukturen am Getriebe samt Crashtest sowie am Lenkrad, Aufhängungen müssen so konstruiert sein, dass ein Rad bei einem Unfall den Kopf des Piloten nicht treffen kann			

EINFÜHRUNG DER SICHERHEITSVORSCHRIFTEN DURCH DIE FIA

Zeitraum	Unfälle	Rennwagen	Strecken	Piloten	Organisation
1993-1997 Fortsetzung					
1998	GP-Rennen: **16** Kilometer: **83.000** Rennunfälle: **60** Schwere Verletzungen (Piloten): **1** Todesfälle (Piloten): **0** Todesfälle (Funktionäre): **0** Todesfälle (Zuschauer): **0**	**1998:** Breite auf 1,8 m reduziert, Rillen-Reifen, Tankklappe, größeres Cockpit und Rückspiegel, „Überlebenszelle" nach vorne hin vergrößert, neuer, schärferer Crashtest für Seitenaufprall	**1998:** Test für die Reifenstapel verabschiedet, 100 Meter lange Gerade vor den Boxen, Lichtsignale sollen Fahnen ersetzen		

EINFÜHRUNG DER SICHERHEITSVORSCHRIFTEN DURCH DIE FIA					
Zeitraum	**Unfälle**	**Rennwagen**	**Strecken**	**Piloten**	**Organisation**
1999	GP-Rennen: **17** Kilometer: **88.000** Rennunfälle: **60** Schwere Verletzungen (Piloten): **2** Todesfälle (Piloten): **0** Todesfälle (Funktionäre): **0** Todesfälle (Zuschauer): **0**	**1999:** Motorentlüftung muss in Ansaugluftkanal münden, Räder müssen mit einem Kabel gesichert werden, Sitz, der gestattet, den Piloten schneller zu bergen, Einsatz von Beryllium verboten, Front-Crashtest verschärft, die Distanz zwischen der gedachten Linie, die zwischen den Überrollbügeln vorne und hinten beschrieben wird, und dem Fahrerhelm auf 70 mm vergrößert, asymmetrische Bremsen verboten, der FIA-Unfallschreiber auch bei Tests vorgeschrieben	**1999:** Schutzzäune an den Boxen, breitere Plattform für Signalisierung, Asphalt ersetzt an einigen Auslaufzonen den Kies		**1999:** Mindestens vier medizinische Eingreifwagen plus Arzt, Boxenausgang mit roter und grüner Ampel

EINFÜHRUNG DER SICHERHEITSVORSCHRIFTEN DURCH DIE FIA					
Zeitraum	Unfälle	Rennwagen	Strecken	Piloten	Organisation
1999 Fortsetzung					
2000	GP-Rennen: **17** Kilometer: **92.000** Rennunfälle: **62** Schwere Verletzungen (Piloten): **0** Todesfälle (Piloten): **0** Todesfälle (Funktionäre): **1** Todesfälle (Zuschauer): **0**	**2000:** Kabelsicherung für jedes Rad, neuer Test für die „Überlebenszelle"		**2000:** Piloten müssen innerhalb von zehn Sekunden das Cockpit verlassen und das Lenkrad abnehmen können	

Anhang 3

Verletzungen in der Formel 1

1978-2000

Verbrennungen

Als ich 1978 mit meiner Arbeit für Bernie Ecclestone begann, herrschte in der Formel 1 noch immer Angst vor Feuer. Niki Laudas Unfall von 1976, bei dem er beinahe ums Leben gekommen wäre, war noch allgegenwärtig, und ich erinnere mich noch immer an die Rauchwolke, die 1971 in Brands Hatch aufstieg, als Jo Siffert in seinem Wagen verbrannte.

Doch die in den vergangenen 23 Jahren erlassenen Vorschriften in Sachen Benzintanks, -leitungen und Feuerschutz haben das Risiko deutlich gesenkt. Tafel 1 zeigt, dass es keine ernsthaften Brandverletzungen mehr gegeben hat, auch wenn bei den Unfällen von Petersen (1978), Paletti (1982), Ghinzani (1985) und Berger (1989) Feuer immer eine Rolle spielte. Der Österreicher verdankt sein Überleben dabei übrigens dem schnellen Eingreifen der CEA-Truppe (Costruzioni Estintori Automatica). Der spektakulärste Vorfall ereignete sich 1994 in der Boxengasse von Hockenheim, als der Benetton von Jos Verstappen beim Tankstopp in Flammen aufging. Sechs Mechaniker und Verstappen erlitten leichte Verbrennungen. Insgesamt ist das Brandrisiko jedoch deutlich verringert worden.

Verletzungen im oberen Knochengerüst

In diesem Bereich gibt es erstaunlich wenige Verletzungen, wie Tafel 2 zeigt. Rupert Keegan erlitt einen komplizierten Bruch des Handgelenks 1978 in Zandvoort. Gianni Morbidelli brach sich bei Testfahrten in Magny-Cours die Unterarmknochen. Beide Verletzungen hatten Operationen zur Folge.

Verletzungen im unteren Knochengerüst (Tafel 3)

In den ersten Jahren der Formel 1 waren Bein-, Fußgelenk- und Fußbrüche an der Tagesordnung, bis Jean-Marie Balestre 1981 nach Clay Regazzonis Unfall in Long Beach Crashtests einführte. Seit 1988 schreiben die Regeln vor, dass die Füße der Piloten hinter der Vorderachslinie platziert sein müssen, was das Verletzungsrisiko weiter verringerte. Bei den Unfällen von Panis 1997 und Schumacher 1999 versagte jeweils das Chassis. Im Jahr 2000 verletzte sich lediglich Johnny Herbert bei seinem Crash in Malaysia an den Knien.

Rückenverletzungen (Tafel 4)

Diese Verletzungen ereignen sich zwar selten, haben aber zumeist ernste Konsequenzen zur Folge, wie bei Philippe Streiff und Clay Regazzoni, die beide Querschnittslähmungen davontrugen. In den beiden verzeichneten tödlichen Unfällen war die Rückenverletzung dafür verantwortlich. Bei Ratzenbergers Unfall wurde die Rückenverletzung von einer tödlichen Kopfverletzung begleitet.

Kopfverletzungen (Tafel 5)

Kopfverletzungen sind die größte Bedrohung für das Leben und die Gesundheit der Formel-1-Piloten, obwohl glücklicherweise vier der sieben so verletzten Piloten überlebten und sich wieder erholten: Brambilla, Donnelly, Wendlinger und Häkkinen. Bis 1996 waren leichte Kopfverletzungen mit Gehirnerschütterungen weit verbreitet.

Die Sterblichkeit in der Formel 1 und bei Verkehrsunfällen (Tafel 6)

Zwischen 1978 und 2000 kamen in der Formel 1 sieben Piloten ums Leben, was im Vergleich zu anderen Sportarten ein guter Wert ist. In Großbritannien kamen in der gleichen Zeitspanne 14 Rugbyspieler ums Leben und von Mitte 1998 bis 2000 starben bei Military-Turnieren neun Reiter. Im Rugby kommt es zudem immer wieder zu Rückenverletzungen, wobei schätzungsweise zehn Spieler pro Jahr eine Querschnittslähmung erleiden.

Außerhalb des Sports kommen in der Europäischen Union ungefähr 25.000 Menschen im Straßenverkehr ums Leben. Die Zahlen der Tafel 7 (zusammengestellt vom RAC) zeigen, dass zwischen 1961 und 1996 in allen Motorsportarten rund 130 Piloten bei Unfällen starben, was einen Durchschnitt von 3,61 pro Jahr ergibt.

Unfallstatistiken

Die Analyse der Unfallstatistiken der Jahre 1963 bis 1992, die Peter Wright in den Tafeln 8 und 9 vorstellt, ergibt einen dramatischen Rückgang der Todesrate auf den Pisten. Gab es zwischen 1963 und 1967 noch einen Toten oder schwere Verletzungen per zehn Unfälle, so sank die Rate von 1987 bis 1992 auf eins zu 300.

Im Jahre 1994 gab es zahlreiche Unfälle mit schweren Verletzungen und zwei Todesopfern. Seit der Einführung des

Kopf- und Rückenschutzes 1996 waren in diesem Körperbereich keine schweren Verletzungen mehr zu verzeichnen. Die einzigen schwereren Blessuren waren die Beinbrüche von Panis und Schumacher.

Anhang 3

TAFEL 1

VERBRENNUNGEN			
	Schwer	**Mittel**	**Leicht**
1978–84 (105 G.P.)	0	1	1
1985–91 (112 G.P.)	0	0	1
1992–2000 (145 G.P.)	0	0	1 + 6 Mechaniker bei Feuer in der Boxengasse

TAFEL 2

ARM-/HANDVERLETZUNGEN		
	Schwer	**Leicht**
1978–84	1 Mittelhand	0
1985–91	0	0
1992–2000	1 Elle und Speiche	0

TAFEL 3

BEIN- UND FUSSBRÜCHE		
	Schwer	**Leicht**
1978–84	10	2
EINFÜHRUNG DER CRASHTESTS 1985		
1985–91	3	1
1992–2000	3	1

TAFEL 4: WIRBELSÄULENBRÜCHE

	1978–84	**1985–91**	**1992–99**
ZEREBRAL			
Schwer	1 (Tödlich)	1 (Quadriplegie)	0
Ernsthaft	0	0	3
(ohne neurologischen Schaden)			
THORAX			
Schwer	1 (Querschnittslähmung)	0	1 mit tödlicher Kopfverletzung
LUMBAL			
Schwer	0	0	0
Mittel	2	0	0
(ohne neurologischen Schaden)			

TAFEL 5: KOPFVERLETZUNGEN

	Schwer oder Tödlich	Leicht (Gehirnerschütterung)
1978–84	2	2
1985–91	1	6
1992–95	4	4
1996 Einführung der hohen Cockpitseiten mit Schutz für Kopf und Nacken		
1996	0	1
1997	0	0
1998	0	0
1999	0	1
2000	0	0

TAFEL 6

TODESFÄLLE			
	Rennen	**Training**	**Tests**
1978–82	2	1	1
1983–87	0	0	1
1988–92	0	0	0
1993–97	1	1	0
1998	0	0	0
1999	0	0	0
2000	0	0	0
367 Rennen	3	2	2

TAFEL 7: TODESFÄLLE IN VERSCH. DISZIPLINEN

		RENNEN		GESCHWINDIGKEIT		RALLYE	INSGESAMT
		Auto	Kart	Dragster	Sprint/Berg		
	1961	3			1		4
	1962	3			2		5
	1963	4			2		6
	1964	5			2	1	8
	1965	4			1		5
	1966	2					2
	1967	1	1		1		3
	1968	6					6
	1969	4	1				5
	1970	4	2		1	1	8
	1971	6	1			1	8
	1972	2					2
	1973	2					2
	1974	7	1				8
	1975						0
	1976			1			1
	1977	1				1	2
	1978		1			1	2
	1979		1	2		2	5
	1980	3		1			4
	1981	2	2			1	5
	1982				1		1
1961–1986: 64 Tote in 26 Jahren bei Autorennen	1984		1	1		1	3
	1985	3				1	4
	1986	1		1			2
	Subtotal	64	12	6	11	11	104

Wiedergegeben mit Genehmigung des RAC

Fortsetzung nächste Seite

Anhang 3

		RENNEN		GESCHWINDIGKEIT		RALLYE	INSGESAMT
		Auto	Kart	Dragster	Sprint/Berg		
	1987	3	1	1			5
	1988					1	1
	1989					2	2
	1990	1	1		1		3
1987–1996:	1991	3					3
11 Tote in	1992	3					3
zehn Jahren bei Autorennen	1993		2		2	1	5
	1994	1	1			1	3
	1995				1		1
	1996						0
	Subtotal	11	5	1	4	5	26
36 Jahre	Total (36)	75	17	7	15	16	130
75 Todesfälle	Ø Jahr	2,08	0,47	0,190	0,42	0,44	3,61
2,08 pro Jahr	Ø 10 Jahre	1,10	0,60	0,100	0,40	0,60	2,80
Pro tausend Wettbewerber							
	000s	68,4	47,8	38		121,1	276,3
	Ø 10 Jahre	0,18	0,10	0,13		0,04	0,08

In allen Motorsportarten in 36 Jahren: 130 Tote = 3,6 pro Jahr

TAFEL 8: F1-Unfallstatistik

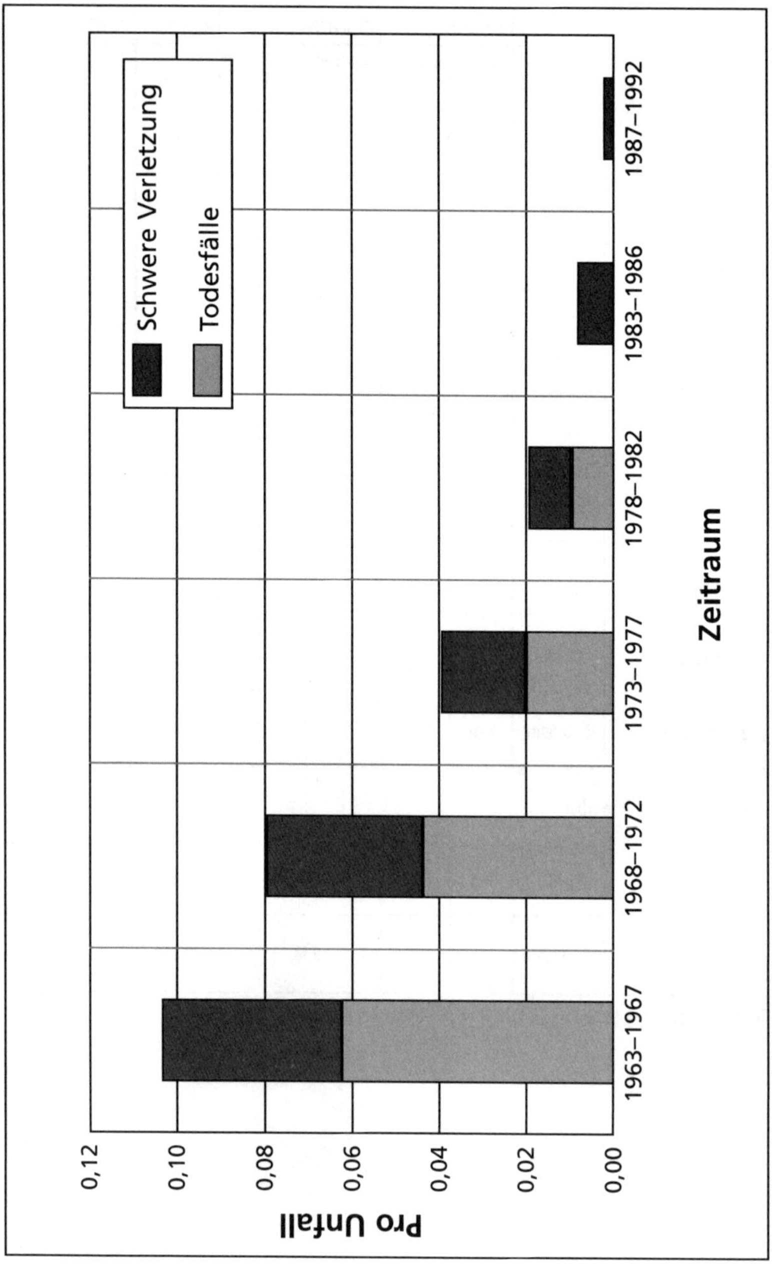

Wiedergegeben mit Genehmigung der FIA

TAFEL 9: Unfallstatistik

Todesfall/schwere Verletzung	
Anfang 1960er (1963-67)	1 pro 10 Unfälle
Ende 1960er (1968-72)	1 pro 12 Unfälle
Anfang 1970er (1973-77)	1 pro 25 Unfälle
Ende 1970er (1978-82)	1 pro 50 Unfälle
Anfang 1980er (1983-87)	1 pro 100 Unfälle
Ende 1980er (1988-92)	1 pro 300 Unfälle

Fotohinweise

1. Brasilien 2000: LAT
2. Australien 2000: Allsport
3. Monaco 2000: LAT
4. Österreich 2000: LAT
5. Österreich 2000: Allsport
6. Indianapolis 2000: LAT
7. Johnny Herbert und Eddie Irvine: Allsport
8. Jenson Button: Allsport
9. Deutschland 2000: LAT
10. Nürburgring 1999: Sutton Images
11. Nürburgring 1999: Sutton Images
12. Nürburgring 1999: Sutton Images
13. Malaysia 2000: LAT
14. Grand Prix Drivers' Gold Day 2000: Allsport
15. Kanada 1997: Actionimages
16. Belgien 1998: Sutton Images
17. Der Alchimist: Formula One Management
18. Spa 1966: Jock McDonald
19. Nürburgring 1968: LAT
20. Damon Hill: Allsport
21. Graham Hill: Allsport/Hulton Deutsch

22: Jim Clark: LAT

23. Stirling Moss: Allsport
24. Phil Hill: LAT
25. Fangio: Hulton Getty
26. Innes Ireland: LAT
27. Jack Brabham: LAT
28. Sid Watkins: Allsport